家庭教育青年论文选编

（2018—2020年）

恽梅　刘国平　主编

北京出版集团

北京出版社

图书在版编目（CIP）数据

家庭教育青年论文选编：2018—2020年 / 恽梅，刘国平主编. — 北京：北京出版社，2022.9

ISBN 978-7-200-17157-0

Ⅰ. ①家… Ⅱ. ①恽… ②刘… Ⅲ. ①家庭教育—文集 Ⅳ. ①G78-49

中国版本图书馆 CIP 数据核字（2022）第 068874 号

家庭教育青年论文选编
（2018—2020年）
JIATING JIAOYU QINGNIAN LUNWEN XUANBIAN
恽梅　刘国平　主编
＊
北　京　出　版　集　团　出版
北　京　出　版　社
（北京北三环中路 6 号）
邮政编码：100120
网　　　址：www.bph.com.cn
北 京 出 版 集 团 总 发 行
新　华　书　店　经　销
北京虎彩文化传播有限公司印刷
＊
787 毫米×1092 毫米　　16 开本　　11.25 印张　　207 千字
2022 年 9 月第 1 版　　2022 年 9 月第 1 次印刷
ISBN 978-7-200-17157-0
定价：128.00 元
如有印装质量问题，由本社负责调换
质量监督电话：010-58572393

前　言

在我国，家庭教育越来越受到全社会的重视。家庭教育的重要性不再只是关乎一个家庭，而是关乎整个社会发展中的人才培养。

近年来，随着《全国家庭教育指导大纲（修订）》《家长家庭教育基本行为规范》《关于进一步加强家庭家教家风建设的实施意见》《中华人民共和国家庭教育促进法》等一系列政策法规的制定和实施，家庭教育这一传统"家事"逐渐上升为新时代的重要"国事"。

为切实提升我国家庭教育的总体水平，落实培养社会主义建设者和接班人的根本任务，迫切需要加强我国家庭教育理论研究，建立既立足本土，又面向世界和未来的家庭教育理论体系和实践路径，促进家庭教育专业的学科建设和专业的人才培养，用科学、系统的理论体系指导家庭教育实践。

在北京市妇女联合会的指导下，2018—2020年北京市家庭教育研究会和父母必读杂志社联合举办了两届家庭教育青年论文征集活动，该活动得到了青年学者的广泛支持和参与，共收到了来自全国多所高校和相关机构的百余篇文章。

本着公平、公正、公开的原则，该活动由北京师范大学儿童家庭教育研究中心主任边玉芳、首都师范大学学前教育学院院长康丽颖、父母必读养育科学研究院院长徐凡、《父母必读》杂志主编恽梅、中华女子学院儿童发展与教育学院副教授陈虹、《中国教育报》家庭教育周刊原主编杨咏梅等专家组成评审团，采用匿名评审的方式，参照主题意义及创新性、研究方法的运用、论证的严密性、研究结果和意义四个维度，经过初审与现场终审，从中遴选了16篇论文并结集出版。论文选题立足当下，关注现实，既有理论研究，又有应用实证研究，涵盖家庭教育立法及政策法规、家庭教育指导需求等现实问题及隔代养育、父母教养方式、外来务工子女、儿童早期阅读、家校社共育等热点话题。

本论文选编共分为四个章节，主要表现为对家庭教育研究以下三个方面的探讨：

一、探讨家庭教育政策法规的建立。论文选编在第一章探讨了家庭教育的立法框架及制度设计、立法进程中的问题和对策、政策变迁等。

二、探讨当前家庭教育研究的热点话题。论文选编在第二章对家庭教育指导需求、家庭德育、责任的代际传承等进行了分析。

三、探讨家庭教育在不同场域中的影响因素。论文选编在第三章从儿童天性与父母教育、父母的教养方式对学习倦怠的影响、智能教育、家庭性别教育等方面，探讨了家庭教育内部的不同因素对儿童各方面发展的影响；论文选编在第四章分析了家校社共育对儿童成长的影响，探讨落实家庭、学校、社会协同育人机制的路径。

相信本论文选编的出版能够鼓励青年学者积极开展家庭教育理论研究与实践探索，营造家庭教育研究的良好氛围，促进家庭教育研究成果的传播与推广。

感谢北京市社会科学界联合会、北京市哲学社会科学规划办公室对本论文选编出版的资助。

感谢各位青年学者的踊跃参与，感谢为本论文选编出版做出贡献的各位专家、学者和工作人员。

需要特别说明的是，本论文选编所收录的学术成果均在《中华人民共和国家庭教育促进法》正式施行之前撰写，如有表述不当之处，敬请谅解。

本论文选编所收录的论文经作者本人同意，委托授权北京市家庭教育研究会进行了适当调整和删改。

目　录

第一章

家庭教育的立法研究

我国家庭教育立法的基本框架及其配套制度设计[①]

罗 爽[②]

摘要： 家庭教育的公共性日益明显，必须以专门立法的形式予以保障。家庭教育立法的基本定位应是社会法，应围绕家庭教育公共性的价值目标确定内容框架。家庭教育立法的难点问题包括：采用狭义还是广义的家庭教育、谁来主管家庭教育指导工作、谁作为家庭教育指导服务的主要提供者。应健全家庭教育立法的配套法律制度，包括建立统一的家庭教育专业人员资格认证和培训制度、家庭教育指导服务活动补助制度、犯罪或严重不良行为未成年人的家长强制性家庭教育指导制度，以及完善未成年人监护制度。

关键词： 家庭教育　家庭教育立法　家庭教育的公共性　家庭教育指导

习近平总书记于2015年2月在春节团拜会上指出，"我们都要重视家庭建设，注重家庭、注重家教、注重家风"，强调了家庭教育的重要地位和作用，家庭教育事业的重大意义进一步凸显。党的十八届四中全会做出了全面推进依法治国的重要决定，要求以法治的精神和思维来推进社会各领域事业的改革和治理，家庭教育事业也不例外。我国《教育法》《义务教育法》《未成年人保护法》中虽然不乏相关法律规定，但是较为零散单薄，缺乏对家庭教育发展的整体性法律设计，缺乏对家庭教育关键性制度的规范。《国家中长期教育改革和发展规划纲要（2010—2020年）》第六十二条也明确提出，在未来十年将"制定有关考试、学校、终身学习、学前教育、家庭教育等法律"。家庭教育立法工作势在必行，相关法理问题也亟须解决和澄清。

---

① 本文刊发于《首都师范大学学报（社会科学版）》2018年第1期。

② 首都师范大学教育学院副教授。

一、家庭教育立法的法理基础及其基本定位

(一)立法的法理基础: 家庭教育的公共性

家庭教育立法的实质是用法律这种社会规范来对家庭教育领域内的社会关系进行调整,因此必须严格遵循家庭教育的发展规律,契合家庭教育的特点,否则难以发挥法律的调节作用。可以说,家庭教育的根本属性是家庭教育立法的重要基础,它决定了立法干预的内容、方式和强度。从家庭教育产生到发展的历程来看,"家庭是一切社会中最古老的并且唯一自然的一种形式,家庭的自然特点在于子女的无助与得到持续照顾的需要,也在于父母对子女的天然慈爱"。[1]家庭教育是超越人类社会形态的自然现象,是父母与子女基于血缘关系而发生的家庭内部活动。因此,家庭教育一直被认为是父母的个人事务,属于典型的私人领域,私法也就成为了调整家庭教育关系的主要法律手段,在世界各国的民事立法中都可以找到关于亲权制度的规定。例如,《法国民法典》第三百七十一条规定:"父母有权保护子女的安全、健康及道德品行。父母对子女负有照管、监督及教育的权利和义务。"《德国民法典》第四十二条规定:"培养子女是父母重要的公民义务并得到国家和社会承认。"虽然各国的亲权制度都经历了由父母权利本位向子女权利本位的转向,通过各种制度来防止父母教育权利的滥用,但在本质上还是强调家庭自治,将家庭教育看作一种个人自由,避免对家庭教育的过度干涉。

随着社会的转型和变迁,家庭教育的性质和功能也开始发生变化。一方面,随着青少年社会问题尤其是未成年人犯罪问题的日益严重和突出,家庭教育的外溢性越发明显。各种调查研究表明,家庭教育不当已成为导致未成年人犯罪行为和不良行为的重要诱因。例如,中国青少年研究中心于2014年在12个省市为期一年的调查研究发现,2001年14周岁以下的未成年人犯罪占12.3%,2014年该比例上升到20.11%。对于未成年人违法犯罪,调查管理人员认为"家庭教育不当""不良交友""法制观念淡漠""学校教育的缺陷"是主要原因,其中家庭因素所占比例最高,达到16.9%。教养方式不当是未成年人走上犯罪道路的一个重要原因,调研中发现,管教所里的未成年人之前在家经常被父母打的比例为15.2%,高于普通学生2.6%的比例[2]。可见,家庭教育的影响已扩展至家庭外部。另一方面,家庭结构的变化导致家庭的教育功能逐渐弱化。随着家庭规模的小型化,核心家庭已成为家庭类型的主体。与传统的扩展型家庭相比,核心家庭的父母在家庭教育方面所使用的精力和时间变少,从家庭内部可利用的资源和获得的支持也在减少,从而使家庭所承载的教育子女的传统功能削弱,而且这种功能弱化随着人口流动

的增加在加剧，家庭亟须外部力量和资源的帮助与支持。在这种情况下，家庭教育不再是局限于私人领域的家务事，家庭教育的公共性特征日益明显。家庭教育的公共性是指家庭教育的过程与结果涉及社会共同利益，并会对社会整体产生影响，主要体现在三个方面：其一，家庭教育的目的不仅限于个体发展的实现，还应着眼于社会要求的满足；其二，家庭教育的实施依赖于家庭外部社会资源的支持；其三，家庭教育的结果具有广泛、深刻的社会影响。

家庭教育发生了公共性的转向，导致家庭教育问题开始具有了公共问题的性质和特征，导致家庭教育领域的社会关系不仅限于家庭教育的内部关系，而且也包括家庭教育的外部关系。因此，原有的以个人利益为本位、以家庭自治为原则、主要调节家庭教育内部关系的私法机制，难以对家庭教育进行全面的调节，不再能满足家庭教育发展的需要，这就要求一种新的家庭教育法律调节手段的出现，它是以社会利益为本位、以适度干预为原则、主要调节家庭教育外部关系的法律机制。鉴于家庭教育的重要性、复杂性和专业性，这种新的法律机制必须通过专门立法的方式来予以体现。

（二）立法的基本定位：社会法

法律体系是由各个不同法域所组成的结构性体系，法律层次的划分呈现出"法律制度—法律部门—法律领域—法律体系"的形态。不同法域的法律在根本价值和目的、调整对象、调整方法、调节机制、权利义务关系等方面大相径庭。可以说，法域归属在一定程度上决定了法律的内容范围和规范形式。因此，在进行家庭教育立法时，应首先明确这一法律的法域定位，再据此确定其内容体系。从现有立法来看，我国目前形成的是一种"公法—私法—社会法"的三元法律结构。其中，公法是对公域进行调节，以国家利益为本位，追求国家利益最大化以及国家安全的法律，遵循权力控制的调整原则和"法无明文规定即禁止"的调整方法，典型代表如《刑法》《行政处罚法》；私法是对私域进行调节，以个人利益为本位，追求个人利益最大化以及交易安全的法律，遵循私法自治的调整原则和"法无明文规定即自由"的调整方法，典型代表如《民法通则》《侵权责任法》；社会法是对社会领域进行调节，以社会利益为本位，追求社会公共利益最大化以及社会安全的法律，遵循倾斜保护的调整原则和"法定内容限定约定内容"的调整方法，典型代表如《劳动合同法》《未成年人保护法》。家庭教育立法作为家庭教育公共性的法律保障机制，主要是通过对家庭教育领域涉及社会公共利益的部分进行调节以达到保护社会公共利益的目的，属于社会法的范畴，因而具有如下特点。

第一，主要调整家庭教育的外部关系，即家庭教育指导管理关系和家庭教育指导服务关系。虽然家庭教育具有了公共事务的性质和特征，但是私事性仍是其根本特征。因此立法干预是有限度的，仅对集中体现家庭教育公共性的外部关系进行调整，而集中体现家庭教育私事性的内部关系即家庭教育实施关系仍应由民法的亲权和监护制度予以调整。家庭教育立法调整的外部关系是围绕家庭教育指导这个核心内容展开的，一方面是家庭教育主管部门在组织管理家庭教育指导工作中涉及的关系，另一方面是家庭教育指导服务机构为培养、提高家长及有关成员家庭教育素质、能力与水平开展的各种指导服务活动中涉及的关系。

第二，主要功能是支持。家庭教育的公共性意味着家庭教育的实施越来越依赖于外部资源的支持，因此家庭教育立法的主要功能应该是通过建立制度来配置资源，从而为家庭教育提供支持。这种支持面向每一个家庭，因此是普惠性的；这种支持仅限于满足基本的家庭教育需要，因此属于基本的公共服务；不仅每一个家庭都有获得家庭教育支持的平等机会和权利，同时处境不利的家庭又能够获得特殊的倾斜性支持，因此这种支持具有公平性。

第三，主要调整机制是政府机制。家庭教育公共性的实现可借助政府、社会和市场三种机制。从各国的经验和中国的实践来看，以政府机制作为家庭教育发展的主要机制，更有利于相关体系的顺利建立、政策的有力执行和经费的稳定获得。因此，家庭教育立法主要是通过政府机制的构建来对家庭教育进行调整，主要体现在家庭教育指导管理和家庭教育指导服务这两个方面，政府部门应当是主要的责任承担者。

第四，主要包括强制性规范和指导性规范两种规范形式。家庭教育虽然具有公共性，但是与其他公共教育特别是义务教育的公共性相比，它的强度还是较弱的。因此在法律规范的构成方面，家庭教育立法不仅应包括典型的强制性规范，主要对政府的责任进行规定；同时也应包括一定的指导性规范，主要体现在家庭教育指导服务的相关规定，为指导服务活动的开展留下可供选择的自由空间。

家庭教育的公共性是家庭教育立法的价值目标，因此该法的内容应紧密围绕这一目标的实现来构建。结合家庭教育立法的基本定位，该法应主要包括以下内容：第一，总则，包括立法的目的、家庭教育及家庭教育指导的定义与地位、家庭教育指导的政府责任；第二，家庭教育指导管理，包括中央和地方各级管理的主体、具体的管理职责；第三，家庭教育指导服务，包括中央和地方各级指导服务的主体及其权利义务，指导服务者的资格认证、聘用及培训，指导服务的内容和方式，对特殊类型家庭的特别支持措施；第四，保障与促进，包括经费编列，对省、市、区（县）家庭教育指导工作的督导与评估，加强家庭教育科学研究,对家庭教育指导服务活动的补助与奖励;第五,法律责任,包括管理主体及指导服务主体不履行相关职责和义务的法律责任。

二、家庭教育立法的难点问题探讨

(一)家庭教育的含义: 狭义还是广义

家庭教育的含义是家庭教育立法应予明确的首要问题,它决定着该法的立法目的、调整范围和内容体系。家庭教育的含义有狭义和广义之分。狭义说是我国理论界和实务界长期以来普遍采用的观点,认为家庭教育是家庭对未成年人的影响教育[3]113,因此家庭教育指导主要是家长教育,其对象是未成年人的父母及其他监护人。广义说的产生缘于家庭结构功能的深刻变化和学习型社会的构建完善,认为家庭教育是为促进家庭的和谐发展,对所有家庭成员开展的有关家庭的教育活动。如在我国台湾地区,凡"为健全个人身心发展,营造幸福家庭,以建立祥和社会,而透过各种教育形式以增进个人家庭生活所需之知识、态度与能力的教育活动"均可称为家庭教育,包括亲职教育、子职教育、两性教育、婚姻教育、伦理教育、家庭资源与管理教育等[4]。在新加坡,家庭教育被看作围绕家庭的内在要素和外部环境所进行的教育,涵盖了伦理教育、婚姻教育、家庭生活技能教育等[5]。可见,狭义说更多的是从未成年人发展和保护的角度来理解家庭教育,而广义说则是将家庭发展作为家庭教育的旨归。

如果采取广义说,那么立法的目的就应偏重于国民家庭知识的增进和家庭发展能力的提升,法律的范围和内容也会更加庞杂,会涉及一切与家庭相关的资源的协调。这种立法模式可以顺应国际发展的最新趋势,符合我国建设学习型社会和加强家庭建设的宏观政策方向,充分体现立法的前瞻性。但是,却忽略了我国主要围绕未成年人发展开展家庭教育工作的现实基础和传统,忽略了要理顺和协调所有的家庭相关资源会产生的巨大成本和可能产生的利益冲突,会使法律的实效性大打折扣,导致法律难以执行。因此,采取更加符合我国家庭教育工作实际情况和受到各界广泛认同的狭义说,是较为明智的立法选择。

(二)家庭教育指导管理机构: 谁来主管家庭教育指导工作

家庭教育管理体制的建立是家庭教育立法的核心问题之一,其重点就是要明确家庭教育指导管理机构及其职责。在我国家庭教育工作的管理和实施中,政府一直发挥着主导作用,但并没有独立、明确的家庭教育指导管理机构,相关工作主要由妇联、教育行政部门、卫计部门、民政部门、文明办、关工委等部门分工合作、共同推进。这种多部门齐抓共管的管理模式较好地适应了家庭教育工作涉及面广、内容复杂的特点，有利于各部门独特优势的发挥和资源的集聚丰富；但是由于部门职责的划分并不清晰，又缺乏强有力的统筹联动机制，导致各部门参与家庭教育事业的热情参差不齐，执行不力、敷衍塞责、各自为政的问题较为突出，严重阻碍了家庭教育事业的整体有序推进。据此现状，可以有两种立法选择：一是采取单独管理模式，或借鉴我国台湾地区的经验，由教育行政部门主管家庭教育工作，或沿袭我国的传统沿革，由目前负责牵头家庭教育工作的妇联来主管；二是沿用共同管理模式，但要明确一个地位高于各部门的领导协调机构，并明确主管部门和支持部门的具体职责，如由妇儿工委领导协调，妇联和教育行政部门主管，民政部门、卫计部门、文明办、关工委等部门共同支持。

第一种模式中，教育行政部门具有推进家庭教育工作的天然资源和能力优势，能够通过课程建设、家长学校建设等途径来保障家庭教育指导服务得到最大程度的覆盖，但是我国教育行政部门一直秉持"教育即学校教育"的狭义教育观，对家庭教育工作缺乏重视，缺乏工作动力和热情。妇联虽然一直是家庭教育工作的主导者和积极推动者，但群团组织的法律地位决定其缺乏保障政策执行的约束性权力，在资源调动方面能力不足，同时其主要工作阵地在社区，在调动家长参与积极性、提高指导服务覆盖率方面存在较大的困难。可见，在我国实行单独管理模式不具有现实可行性。

第二种模式是在充分考虑现状的基础上，对原有管理模式的改进和完善，在推行过程中能够减少改革的阻力和成本。这种模式明确了作为政府代表的妇儿工委的领导协调地位，一方面具备现实的制度基础，另一方面又可解决妇联作为牵头单位难以调动和约束其他部门的问题，家庭教育工作管理层级的提高也更彰显家庭教育的重要地位。主管部门和支持部门的划分可以解决原来主管部门过多难以形成合力的问题，同时综合考虑与家庭教育工作的关系程度、能力职责、工作热情等因素，将妇联和教育行政部门明确为主管部门，可充分利用它们各自在社区和学校的工作基础，实现优势互补。因此，第二种模式更宜作为立法选择。

（三）家庭教育指导服务机构：谁作为家庭教育指导服务的主要提供者

家庭教育指导服务工作需要由具体的家庭教育指导服务机构进行组织和实施，家庭教育立法必须明确指导服务的提供者及其权利义务，为家庭教育指导服务体系的运转提供组织保障。中国儿童中心于2012年所做的"我国家庭教育指导服务体系状况调查"显示，我国目前从事家庭教育指导活动的机构包括各级各类家长学校、家庭教育指导服务中心、其他社会组织等，其中教育行政部门主管的家长学校是主体，占所调查的指导服务机构总数的一半以上。然而,家长学校主要是业余学校,缺乏专业性和为家长提供各种资源的能力;而且学校举办的家长学校更侧重于指导家长如何配合学校教育工作,难以全面满足家长复杂多样的家庭教育指导需求。同时,在中国儿童中心关于"接受指导服务的渠道"的调查中发现,现实中,在家长接受指导的各种渠道中接受学校指导的比率最高,达59.4%;大众传播媒介居其次,为16.9%;社会专业指导机构居第三,为6.8%;接受其他渠道的指导很少。理想中,家长期望接受社会专业指导机构指导的比率最高,学校指导居其次,大众传播媒介指导居第三。与现实相比,家长期望学校指导的比率减少明显,下降幅度达25.4个百分点;期望社会专业指导机构指导的比率明显增大,上升幅度达38.8个百分点[3]181。因此,不论是从家长学校自身的局限性还是从家长的需求来看,学校举办的家长学校都不宜作为家庭教育指导服务的主要提供者,专门、专业的指导服务机构才是众望所归的立法选择。

从世界各国和地区的成熟经验来看,基本都成立了专门的家庭教育指导服务中心,以此作为核心的指导服务机构,承担家庭教育的课程开发、活动策划、专业队伍建设、资源整合与提供指导咨询等职能,但在服务中心的定位方面有所不同,主要有两种模式:一种是政府部门模式,如我国台湾地区就将"家庭教育中心"纳入行政管理体制之中,作为县市政府的隶属机构,由政府拨付专项经费保障其运行;另一种是第三部门模式,如新加坡的家庭服务中心大都依据《慈善法》的规定注册为慈善性公共机构,其财政来源广泛,包括政府拨款、社会捐款和咨询收费等,但绝大部分资金仍是来自政府。从我国的实际情况出发,采取政府部门模式更适宜,有利于事务的顺利推行和经费的有力保障。可在立法中规定在中央、省、市、县这四个层面建立家庭教育指导服务中心,并明确各自的权利和义务。

三、家庭教育立法的配套制度设计

由于法律自身的局限性,基本法律的规定往往是较为抽象和笼统的,需要具体的配套制度予以细化和落实,才能得以真正实施并发挥应有效力。结合我国家庭教育事业的实际情况,借鉴其他国家和地区的先进经验,应着力建立健全以下家庭教育立法的配套法律制度。

(一)建立统一的家庭教育专业人员资格认证和培训制度

没有专业化的家庭教育指导服务人员,将无法开展高质量的指导服务活动。世界各国和地区都高度重视家庭教育指导服务人员的队伍建设,主要通过资格认证制度和培训制度的建立来保证和提升家庭教育指导服务人员的专业化水平。比如，我国台湾地区于2004年颁布了《家庭教育专业人员资格遴聘及培训办法》，规定"家庭教育专业人员，指经家庭教育专业训练，具有家庭教育专业知能，从事增进家人关系与家庭功能各种教育活动之专业工作者"，并对专业人员的资格获取条件、资格认定程序、遴聘程序、职前及在职培训等内容进行了规定。中国儿童中心于2012年所做的"我国家庭教育指导服务体系状况调查"指出，家庭教育指导服务人员的队伍问题已成为体系建设的核心和瓶颈问题。调查数据显示，我国家庭教育指导服务人员中约有1/4的人取得了资格证书，其中主要是教育学或其他学科教师的资格证书，有不足1/10的人具有社会工作者、心理咨询师、家庭教育指导师等资格[3]149，整体专业化水平堪忧。同时，仅有1/3的指导服务人员可以接受短期的、非系统的在职培训。另外，培训内容缺乏系统设计，专业化的培训机构严重缺乏。可见，统一的家庭教育专业人员资格认证和培训制度亟须建立。这项制度的基本内容包括四个方面。其一，专业资格获取的条件。一方面是需要具有大学学历，并要修满指定的家庭教育专业课程学分，另一方面是需要具有一定年限的家庭教育实务工作经验。其二，专业资格认定机构和程序。可由中央家庭教育主管部门或其授权委托的家庭教育专业机构、团体担任资格认定机构，通过申请者提交申请材料、认证机构初审和复审、颁发资格证书等程序进行资格认定。其三，家庭教育专业课程体系及其认证。可由中央家庭教育主管部门统一规定申请者需要修读的家庭教育专业课程，包括必修科目和选修科目及其学分，并对开设此类课程的高等院校和机构进行资格审查和认证。其四，专业人员的培训。可由家庭教育指导服务机构担任主要的培训机构，负责培训课程和教材的开发及人员的培训。培训可包括入职培训、岗位培训和骨干培训，分别针对新入职人员、在岗人员和骨干人员提供不同层次的培训，并规定不同的法定培训时间。培训应以提高人员的思想认识、理论水平和实践能力为重点，通过讲座面授、在线学习、现场观摩等各种形式满足不同人员的个性化专业发展需求。

（二）建立家庭教育指导服务活动补助制度

家庭教育指导服务活动的进行需要全社会各部门的共同参与和推动，不仅要依靠各类指导服务机构开展各项活动，也需要高等院校、科研机构开展相关研究和提供智力支持。当前制约指导服务活动开展的关键问题是经费不足。中国儿童中心于2012年所做的"我国家庭教育指导服务体系状况调查"显示，23.1%的指导服务机构在2011年没有开展活动的经费，纳入地方财政预算的家庭教育专项经费或从财政经费支出的经费一般占所有家庭教育指导服务经费的40%以上，其余近60%的经费由指导服务机构自筹[3]150。因此，有必要在家庭教育专项经费之外建立家庭教育指导服务活动补助制度，对相关活动提供经费支持，并以此激励各机构开展活动的积极性。从具体的制度设计来看，应由中央家庭教育主管部门设立该项制度并提供经费，由地方各级家庭教育主管部门具体实施。补助的对象是三类不同性质的家庭教育指导服务机构，包括政府部门、事业单位和非营利性组织，以及开展家庭教育相关科研活动的高等院校和科研机构。补助以部分补助为原则，对不同类别的机构规定不同的补助比例，并且限制每年申请该项补助的活动数量。补助的活动项目应根据各类机构的特点及家庭教育指导服务活动的重点进行分别设定，如政府部门性质的指导服务机构在开展家庭教育工作规划中规定的指导服务活动可申请补助，非营利性组织性质的指导服务机构为留守儿童、流动儿童等特殊家庭提供指导服务可申请补助，高等院校和科研机构开发家庭教育教材和开展重点领域的家庭教育研究可申请补助。在实施程序方面，由各类机构按照要求提供书面申请材料，由家庭教育主管部门组织专家通过会议或通信形式进行审查，审查的重点是活动目的及必要性，成果效益与经费编列的合理性，活动企划的目标、方法、经费、价值、优点、缺点，对已获其他补助、申请计划不符合规定以及前次补助项目未按计划执行或执行不力者，不予补助。同时还要对补助项目进行严格的评估考核，受补助的机构应按要求提交活动成果书面材料，由家庭教育主管部门组织专家和会计机构通过书面审查或实地调研的形式审查评估执行情况，对未按计划内容和经费项目执行或执行不力者，除函请受补助机构加强改进外，还要视情节轻重酌减其补助款或不予补助，对优秀的受补助机构则予以荣誉性奖励。

（三）建立犯罪或严重不良行为未成年人的家长强制性家庭教育指导制度

家庭教育指导服务活动的开展不仅应针对一般家庭的教育困惑，更应着重解决特殊家庭的教育问题。近年来，未成年人犯罪事件频发，呈现出低龄化、暴力化、团体化等特点，同时未成年人中有严重不良行为的群体也在不断扩大，未成年人违法犯罪问题已成为一个亟须解决的社会问题。众多的调查研究表明，家庭是诱发未成年人犯罪的重要因素，其中家庭教育不当是关键原因，有的家庭教育方法简单、粗暴，过分溺爱、包庇袒护，甚至放任自流，使未成年人堕落犯罪。因此，犯罪或严重不良行为未成年人的家长迫切需要接受家庭教育指导。虽然我国的《预防未成年人犯罪法》规定"未成年人的父母或者其他监护人不履行监护职责，放任未成年人有本法规定的不良行为或者严重不良行为的，由公安机关对未成年人的父母或者其他监护人予以训诫，责令其严加管教""教育行政部门、学校应当举办各种形式的讲座、座谈、培训等活动，针对未成年人不同时期的生理、心理特点，介绍良好有效的教育方法，指导教师、未成年人的父母和其他监护人有效地防止、矫治未成年人的不良行为"，但是对不履行管教责任的家长没有进一步的责任追究，对家长接受相关辅导的时间和课程也缺乏规定，从而导致法律规定的实效性大打折扣。可见，针对犯罪或严重不良行为未成年人的家长，建立强制性的家庭教育指导制度势在必行。

首先，应在《预防未成年人犯罪法》中赋予法院裁定家长接受强制性家庭教育指导的职权。如我国台湾地区的《少年事件处理法》第八十四条规定："少年之法定代理人或监护人，因忽视教养，致少年有触犯刑罚法律之行为，或有第三条第二款触犯刑罚法律之虞之行为，而受保护处分或刑之宣告，少年法院得裁定命其接受八小时以上五十小时以下之亲职教育辅导。拒不接受前项亲职教育辅导或时数不足者，少年法院得裁定处新台币三千元以上一万元以下罚款；经再通知仍不接受者，得按次连续处罚，至其接受为止。其经连续处罚三次以上者，并得裁定公告法定代理人或监护人之姓名。"其次，应在家庭教育的专门立法中规定专门提供该类课程的机构，如家长学校。最后，可通过规范性文件的形式规定这类课程的具体科目和学时数。如我国台湾地区最高教育行政部门在2004年颁布了《各级学校提供家庭教育谘商或辅导办法》，规定了各级学校为有重大违规事件或特殊行为的学生及其家长所提供的家庭教育课程。整个课程体系由两部分组成：一类是学校必须提供的不少于四小时的核心课程，包括亲子支持、互动与沟通和偏差行为与协助两门课程；一类是由各级学校自行弹性订立的选择课程，主要有父母之职责、家庭气氛之营造、家庭支持方案与资源、儿童与青少年次文化、亲子共学、重建家庭关系、倾听与表达、家庭危机处理等[6]。

（四）完善未成年人监护制度

家庭教育立法主要是通过给予家长指导支持这种间接调整的方式来对家长的教育行为进行规范，其有效运行有赖于对家长教育行为进行直接调整的法律制度的完善，才能达到改善家长家庭教育行为、实现儿童最大利益的最终目的。目前我国主要是由民法的未成年人监护制度来对家庭教育实施关系进行调整，但这项制度仍存在着许多问题。其一，未明确区分亲权和监护。亲权是父母基于其身份，对未成年子女以教养保护为目的的权利义务之集合[7]364。我国并未规定亲权制度，而是将父母对未成年子女行使的亲权和父母外的第三人对未成年人的监护都纳入到监护制度之中，使得亲权主体与监护主体混淆不清，并成为留守儿童父母监护缺位的重要原因。其二，国家公权监护主体的法律规定缺乏可操作性。我国现行法律规定，父母生前所在单位、居民委员会、村民委员会和民政部门可以担任监护人，但是既未明确这些主体的具体监护职责，也未设置专门的监护机构和人员，缺乏现实的可行性和合理性，从而导致在没有自然人充当未成年人监护人时，往往会出现无人监护的尴尬局面。其三，监护责任认定与追究机制不完善。我国关于不履行监护职责或者侵害被监护人合法权益的责任认定及对监护人责任惩戒的法律规定、制度设计不够精细，在现实生活中难以操作。而且由于监护具有较强的私密性，大多数监护人侵害被监护人合法权益的事件很难被发现，从而难以对其追究法律责任。可见，在我国城市"准留守儿童"、农村留守儿童问题日益突出的时代背景之下，未成年人监护制度亟须完善，这样才能促进家长切实履行家庭教育的职责。具体可从以下几个方面予以完善。

首先，明确区分亲权和监护。明确亲权是父母对未成年人必须履行的法定职责，主要包括人身和财产两个方面的内容。人身亲权包含保护权、教育权和惩戒权；财产亲权则包含财产管理权、使用收益权、处分权和财产上的代理权、同意权[7]364。亲权人对于一些亲权如对子女的保护权和教育权，必须亲自履行，非特殊原因不得转移给第三人行使，否则将会承担亲权被部分或全部剥夺的法律责任。明确监护是由父母外的第三人对未成年人行使的制度，规定监护人享有获取报酬的权利，并履行定期向亲权人和监护监督机构报告未成年人的人身和财产管理状况的义务。其次，设立国家公权监护主体。可在民政部门中设立专门的未成年人监护机构，代表国家对无人监护的未成年人履行监护职责，并在乡（镇）人民政府、街道办事处设立分支监护机构对该辖区内的无人监护未成年人进行监护。这些机构的职责包括：直接担任监护人，协助监护人委托的第三人行使监护权，向监护监督机构定期报告监护情况。最后，设立未成年人监护监督机构。可在各级政府设立的未成年人保护委员会中设立监护监督机构，该机构应配备专职工作人员，其所有的工作经费纳入本级政府预算中。监督机构的职责包括：设立无人监护未成年人档案库，监督无人监护未成年人的监护状况，为权益受侵害的无人监护未成年人提供法律援助[8]。

参考文献

[1] 布赖恩·克里滕登. 父母、国家与教育权[M]. 秦惠民, 张东辉, 张卫国, 译. 北京: 教育科学出版社, 2009: 44.

[2] 张灵. 我国未成年犯罪呈低龄化趋势[EB/OL]. (2015-04-21)[2017-02-04]. http://politics.people.com.cn/n/2015/0421/c70731-26875819.html.

[3] 中国儿童中心. 我国家庭教育指导服务体系状况调查研究[M]. 北京: 中国人民大学出版社, 2014.

[4] 中国台湾地区教育部及相关部门. 中国台湾地区家庭教育法[EB/OL]. (2003-02-06)[2017-02-04]. http://www.hshs.tyc.edu.tw/data/body94829.html.

[5] Public Education Committee on Family. Family Matters: Report of the Public Education Committee on Family[EB/OL]. (2002-01)[2017-02-04]. https://www.msf.gov.sg/publications/Documents/Family-Matters-Full.pdf

[6] 罗爽. 中国台湾地区家庭教育指导服务体系及其启示[J]. 首都师范大学学报(社会科学版), 2015(3): 132.

[7] 王利明. 民法总则研究[M]. 北京: 中国人民大学出版社, 2003.

[8] 石婷. 论国家对未成年人监护的公权干预——以保障留守儿童的合法权益为视角[J]. 当代青年研究, 2014(3): 97-98.

我国家庭教育立法进程中的问题与对策[①]

赵霄冉[②]　李海云[③]

摘要： 近几年来，一些地区开展了有关家庭教育立法的实践，为全国家庭教育相关法律的出台积累了经验。本文从为谁立法和如何把握好立法干预的"度"这两个方面做了进一步的探讨，并为推进全国家庭教育立法提出了以儿童和父母为立法对象的同时，要兼顾不同儿童与家庭群体，以及既有服务也有惩戒、重在服务而非惩戒等建议。

关键词： 家庭教育　家庭教育立法　立法进程

习近平总书记在2015年春节团拜会上曾说过："家庭是社会的基本细胞，是人生的第一所学校。"[1]家庭教育作为国民教育的基础教育之一，是促进学校教育和社会教育发展的前提和保障。我国虽然已经出台过一些关于家庭教育的法律条文，但是都散布于各种法律之中，并没有形成相关的家庭教育法律体系。同时由于家庭教育方面一直缺乏相关的法律规范，其法律地位长期得不到肯定和提升，导致与家庭教育相关的市场开发、人员培训、理论研究和资金投入等受到很大的影响和限制。由此可以看出，法制建设滞后，并且缺少系统的法律规范，阻碍了家庭教育向规范化、科学化方向的发展。因此，加快以法律形式促进和规范家庭教育是非常重要和必要的。

一、家庭教育立法进程现状和存在的问题

（一）家庭教育立法进程现状

全国人大在"十二五"期间，就制订了"六修五立"的立法计划，即"修订《教育法》《职业教育法》《高等教育法》《学位条例》《教师法》《民办教育促进法》，制定《学校

---

① 本文刊发于《少年儿童研究》2019年第6期，有删节。

② 山西师范大学教育学专业2018级硕士研究生，现为安徽中医药大学护理学院专职辅导员。

③ 山西师范大学教育科学学院副教授。

法》《教育考试法》《学前教育法》《终身学习法》《家庭教育法》等法律"。[2]2011年7月5日，中华全国妇女联合会牵头举行了工作组和专家组第一次会议，正式宣布启动家庭教育立法调研工作。2014年，中华全国妇女联合会就其展开的立法调研工作举行了家庭教育立法课题研讨会，制定了相关立法建议稿。此后，全国各地相继开展了有关家庭教育的立法实践，如重庆市于2016年5月27日出台了《重庆市家庭教育促进条例（草案）》。该条例成为我国大陆第一个家庭教育方面的法律条文，它的出台表明我国在家庭教育立法方面取得了重大突破。2017年和2018年，贵州省和山西省相继出台了《贵州省未成年人家庭教育促进条例》《山西省家庭教育促进条例》。江苏省、四川省、辽宁省和山东省青岛市也将家庭教育立法研究纳入人大立法计划之中。辽宁省大连市也计划将《大连市家庭教育条例》列入市人大下一个五年立法规划的准备项目中。这些地方的立法调研与实践，为全国家庭教育法规的出台积累了经验，奠定了基础。

从整体进程上来看，我国在家庭教育立法工作中一直处于自下而上开展的现状。除了近几年来，重庆市、贵州省、山西省、江苏省等地相继出台了地方家庭教育条例之外，中华全国妇女联合会和教育部也一直在努力推动着家庭教育立法工作的进程。2018年3月，中华全国妇女联合会将《中华人民共和国家庭教育法（草案）》以及家庭教育立法等相关参阅资料呈报给全国人大教科文卫委员会，并同时提交给了全国人大法工委。提交的草案主要包括提升家庭教育地位、强化家长的家庭教育主体责任、规范家庭教育指导服务等方面的内容。之后在全国人大的重视与支持下，家庭教育立法于2018年8月正式列入十三届全国人大常委会五年立法规划第三类立法项目之中。为更进一步推动家庭教育立法进程，在2019年两会期间，全国人大代表、全国妇联党组成员邓丽联名代表共同提交了《关于加快家庭教育立法的议案》[3]。这些有关家庭教育立法的文件和各地方家庭教育立法的实践，共同构成了当前我国家庭教育法治进程的主要内容。

（二）家庭教育立法过程中存在的问题

1.为谁立法：立法的对象和侧重点难以确立

我国各地区的经济发展水平不同，并且不同的社会群体对于家庭教育立法的需求不同。目前我国虽然有很多法律法规都包含着家庭教育方面的内容，但是都是部门文件，没有具体可操作性的条款，更没有落实家庭教育立法的对象群体，"为谁立法"就成了家庭教育立法的首要难题。同时，家庭教育立法小组的反馈表明，城乡父母对教育服务的需求存在很大差异：城市的家长需求主要体现在希望能够建立有关家庭教育的网站和咨询热线，能够设立专门的咨询机构，搭建交流平台，便于家长之间相互交流学习借鉴，也希望通过相关的知识培训，能够获得正确、系统的家庭教育知识；而农村父母则希望政府允许学校开设各种兴趣班或学习班，并允许学校提供学习参考资料，希望借助学校力量帮助孩子提高学习成绩，也希望通过一些操作性强的知识培训，能够了解教育孩子的具体方法[4]。从这项访谈反馈的结果中可以看出，虽然城乡家长对于家庭教育服务需求方面存在着不同，但是都越来越意识到家庭教育的重要性，这也要求全国家庭教育立法的内容能够考虑到不同家庭群体的需求，使我国的家庭教育公共服务能够向规范化、科学化方向发展，使立法内容更加完善。

2.惩戒和服务：立法干预的"度"难以把握好

在我们国家几千年以来的文化背景中，重视家庭教育的传统可谓历史悠久，而且在大多数中国人的观念中，家庭、家庭教育是家事，是私事，是不能让外人参与的。因此，在这种"法不入家门"的文化传统影响下，家庭教育立法一经提出就备受争议。有的家长认为每个家庭的家风、家训、家规都不同，何况"家丑不可外扬"，国家不应该以法治家。也有些学者以执法主体与立法对象不明、家庭教育立法中的法律强制作用和惩戒效果难以规定等问题反对出台相关法律。所以基于多方面的原因，我国家庭教育立法在推动之初就明确指出，家庭教育立法起的是引领、帮助、支持、服务的作用，是为了保障每个家庭能够得到相应的支持，最大限度调用资源为家庭提供规范的指导与服务，正确引导家庭教育工作，规范父母行为，规范服务机构等相关机构的法律，所以其惩罚监督机制难以确立。但是如果没有严格的惩罚监督机制，家庭教育相关法规出台以后容易成为一纸空文，所以如何掌握好立法干预的"度"这一难点，也在阻碍着家庭教育立法的前进步伐。

二、关于促进家庭教育立法进程的建议

要进一步推进全国家庭教育法的立法进程，解决好现存的困难与问题是前提，就此提出以下两点建议。

（一）以儿童和父母为立法对象的同时，要兼顾不同儿童与家庭群体

虽然家庭教育立法要兼顾不同人群对立法内容的需求，但是针对"为谁立法"这个问题而言，儿童无疑是家庭教育立法的主要立法对象，与他们关系密切的父母也应作为立法的主要对象。因为家庭的主要组成部分就是父母和孩子，家庭教育法应该是为了每一个未成年人的健康成长、每一个家庭的和谐幸福、社会的安全稳定而制定的。同时由于我国各地区经济发展水平不同，不同儿童与家庭群体对于家庭教育立法的需求不同，

因此在制定家庭教育法时要关注到所有的群体，既要关注农村留守儿童、流动儿童、流浪儿童、残疾儿童、经济困难家庭儿童以及城市受忽视的隐形留守儿童等，又要关注不同地域、家庭结构、经济水平、文化层次等的家庭。我国现在正在开展家庭教育立法在部分地区的先行实践，即根据该地区对于家庭教育最重视的方面来制定相关的家庭教育促进条例，例如贵州省将家庭教育立法的重点放在留守儿童身上，进行全国家庭教育立法的相关部门在进行立法内容确立时，可以从地方的立法实践中吸取相关经验，使家庭教育的立法侧重点可以兼顾不同群体的需求，使立法内容更加完善。

（二）既有服务也有惩戒，重在服务而非惩戒

家庭教育立法是为了规范家庭教育，为家庭提供系统的、专业的、科学的指导和全面多样的保障，为家庭教育提供法律支持，其重点应重在服务而非惩戒。但是只要是法律条文，其中就会有相对应的惩罚监督机制，所以家庭教育立法中的惩罚监督机制应该如何确立，应该如何把握好立法干预的"度"，这些都需要立法部门认真研讨。例如，在对家庭教育进行立法干预和掌握好"度"的过程中，要调整行为主体间的哪些权利义务关系，家庭教育的哪些方面应遵守法律的规范、限制和干预，法律的规范、限制和干预应以强制性还是倡导性的条款提出，这些都应该在条款中的惩罚监督部分明确规定，否则就会出现质疑立法的人们担忧的事情：由于全国家庭教育法规中对于违法界限规定的模糊，规定的原则性条款太多，在实践中缺乏可操作性，易导致该法出台后无法达到预期的惩戒效果。在如何把握立法干预"度"的问题上，已经出台的地方家庭促进条例一般都集中在家庭教育服务上，关于违反条例规定的惩戒内容也只是表述成依法处置，全国家庭教育法在对惩戒监督机制的相关内容制定上，应做到服务与惩戒两者的平衡，为之后各个地方出台家庭教育促进条例提供参考。

参考文献

[1] 习近平. 在2015年春节团拜会上的讲话[N]. 光明日报, 2015-02-18(2).

[2] 钱洁. 家庭教育法为何久呼不出? [N]. 中国教育报, 2016-05-26(9).

[3] 刘博智. 距家庭教育立法，还有多远? [EB/OL]. (2019-03-08)[2019-03-24]. http://www.jyb.cn/rmtzcg/xwy/wzxw/201903/t20190308_216299.html.

[4] 李想, 陈丽平. 七成受访者赞成家庭教育立法　专家指出　国家不能在家庭教育中缺席[N]. 法制日报, 2014-06-23(3).

新中国成立70多年以来家庭教育政策变迁分析[①]

刘　潞[②]

摘要： 本文从历史制度主义变迁理论的视角，分析了新中国成立70多年来家庭教育政策的变迁。描述了70多年来家庭教育政策宏观发展的脉络轨迹，概括出了70多年来家庭教育政策的演变特点。我国的家庭教育政策变迁经历了游走在政策边缘的"断裂真空期"、由私法向公法转型的"复苏转型期"、专门规章针对执行的家庭教育政策"积极行动期"以及党的十八大以来以国家领导人为推动力量的"繁荣发展期"。从路径依赖、关键节点以及推动制度变迁的动力机制三个角度对70多年来家庭教育政策变迁进行理论解读。政策变迁呈现出政策制定部门的协同性，政策内容的分散性和扩展性，以及地方立法先行、法律规范缺位、政策逆向发展等特征。

关键词： 家庭教育　家庭教育政策　历史制度主义

家庭教育政策指直接与家庭教育相关的以及涉及人口、婚姻、妇女、儿童权益的法律、法规、规划、规定、条例、办法、通知等各种规范中教育相关条文的总和。现代社会的家庭教育受到教育部、妇联、关工委等党政领导的重视，新中国成立70多年以来，颁布了一系列政策推动家庭教育工作的发展，其发展历程呈现出若干特征鲜明的不同阶段，每个阶段内部政策的延续和微调、不同阶段之间政策的迁移和转换均受制于国家既有的政治经济结构。本文借助文献分析法，以兴起于20世纪80年代的历史制度主义变迁理论为研究视角，立足于新中国成立70多年来家庭教育政策变迁研究的数据库，概述70多年来家庭教育政策的脉络轨迹与演变逻辑。透过政策文本沿革，结合我国政治、

---

① 本文刊发于《少年儿童研究》2020年第7期。
② 华中师范大学教育学原理专业2021级博士研究生。

经济、人口制度、主要领导者和行动者的推动等宏观影响因素的变化，探寻70多年来家庭教育政策变迁的本质。历史制度主义认为，制度变迁总体分为制度存续期和制度断裂期。其中，对于制度存续期，历史制度主义倾向于用"路径依赖"这个概念来解释，即制度走上某一路径后方向难以改变的"惯性"，呈现渐进式的演进逻辑[1]；而对于制度断裂期，历史制度主义关注制度断裂并发生关键转变的"关键节点"，关键节点时期体现为新旧制度之间的断裂模式，关键节点的出现通常是由于外部宏观环境发生了重大变化，即特定制度背景的改变以致现行制度变迁，为制度变迁提供契机[2]。借鉴历史制度主义的分析框架，对70多年来家庭教育政策变迁的各阶段特征进行归纳，从路径依赖理论、关键节点理论以及推动制度变迁的动力机制理论三个方面展开制度阐释，探究家庭教育政策变迁的动力机制。

一、家庭教育政策变迁的脉络轨迹

通过对新中国成立以来不同历史时期有关家庭教育的政策法律文件的梳理，并结合近年来不同的研究者对家庭教育发展阶段的划分，本文将家庭教育的发展总体划分为四个阶段：1949—1977年家庭教育的"断裂真空期"、1978—1995年家庭教育的"复苏转型期"、1996—2011年的"积极行动期"以及2012年至今的"繁荣发展期"。

（一）断裂真空期：政策边缘游走（1949—1977年）

我国古代和近代家庭教育发展繁荣，尽管在当时家庭教育并未纳入国家教育体制，但也为我国家庭教育事业留下了蒙养院和《颜氏家训》《朱子家训》等家庭教育丰厚遗产。与之相比，新中国成立后到改革开放期间，我国家庭教育发展出现断裂，家庭教育政策研究与理论研究接近空白[3]2。这个阶段，中央陆续出台了三项文件对成人教育进行规定，间接提到了家庭教育，这三项文件分别是1949年10月1日中央人民政府委员会第一次会议决议接受的政府施政方针《共同纲领》，同年12月在北京召开第一次全国教育工作会议拟定的《1950年上半年工作计划草案》以及1950年6月政务院发布的《关于开展职工业余教育的指示》。三项文件都对"劳动者和工人的业余补习教育"和"普及成人教育"提出明确要求，要求提高其政治觉悟和文化技术水平，即提高国民素质。这是新中国成立后成人教育首次被写入国家政策中，但举措不够周全，只触及了家庭教育的边缘——成人教育，本质上而言，"家庭教育指导是提高广大家长自身素质和家庭教育水平的一种成人教育"。[4]此外，第一次全教会还提出"特别要借助苏联教育建设的先进经验"，新中国成立初期以苏霍姆林斯基为代表的苏联教育家的教育思想传入我国，其教育三部曲《把整个心灵献给孩子》《公民的诞生》《给儿子的信》以及其专门的家庭教育著作《家长学校》为我国借鉴苏联家庭教育先进经验提供了基础。但后来对于学习苏联家庭教育的具体成果没有展现，尤其随着20世纪60年代初中苏关系破裂，迫使我国走上自主探索家庭教育的道路。

随着新中国教育事业逐步走向正轨，家庭关系逐渐受到重视，并被写入国家法律。1950年《中华人民共和国婚姻法》首次对夫妻关系和父母子女关系做出法律规定；1954年《中华人民共和国宪法》（简称1954年宪法）第四十九条规定对亲子关系补充道："父母有抚养教育未成年子女的义务。"这意味着，在法律上，教育子女成为父母的一项基本义务。1962年4月，教育部在北京召开全国教育工作会议（又称第三次调整工作会议），会议提出了"幼婴保育以家庭为主"的策略。这是首次在国家方针中正式出现有关家庭教育的规定。受当时社会政治形势影响，1966年至1976年，政治运动、文化变革连续不断，中国传统家庭教育思想和典籍遭受灾难性的破坏，家庭教育陷入停滞甚至倒退状态。

在断裂真空期，国家并没有明确提出家庭教育作为一种教育形态而存在，家庭教育仍属于私人领域的问题。政策对于家庭的规定停留在对家庭中人际关系的界定，没有触及教育的层面，更谈不上父母成为家庭教育中的义务主体。国家层面对于家庭教育的指导和规定也是通过成人教育、继续教育和劳工教育等政策间接地体现，家庭教育在政策边缘游走。

（二）复苏转型期：由私法走向公法（1978—1995年）

"文革"过后，随着国家拨乱反正和改革开放的实施，各领域进入恢复重建新时期。外部宏观环境发生了重大变化，为教育政策变迁提供了契机，迎来家庭教育政策变迁过程中的第二个关键节点。改革开放对以往家庭教育政策面向家庭内部关系的"惯性"产生了改变或颠覆，也构成了许多政策路径依赖过程的起点。1978年至2000年，国家采取渐进改革方针，党中央和国务院颁发了一系列教育文件和方针政策，指导家庭教育工作的开展，党中央、国务院全面拨乱反正，家庭教育事业得到全面恢复和整顿，国家政策要求帮助家长加强和改进对子女的教育，关心和培养从事儿童和少年相关工作的人员[3]2，家庭教育迎来复苏转型期。

国家宏观人口政策对家庭教育政策的变迁产生深刻影响。"计划生育"于1982年9月被定为中国的基本国策，同年12月写入宪法，并在2001年通过了《中华人民共和国人口与计划生育法》等专门法律。此外，在1982年修订的《中华人民共和国宪法》中新增父母家庭教育责任的条款，"婚姻、家庭、母亲和儿童受国家的保护。父母有抚养教育未成年子女的义务，成年子女有赡养扶助父母的义务"。计划生育基本国策的颁布作为一个关键历史节点，许多地方妇联和教育局在国家政策、教育专家和大众媒体的支持下，开展了独生子女身心发展特点和教育的大讨论，提出了教育独生子女的若干对策，家庭教育受人口政策的影响进入复苏转型阶段。

在复苏转型期，政策中对于家庭教育的规定已经开始跳出"为家庭内部关系立法"的桎梏，家庭教育逐渐从私人领域问题走向社会问题，由私法走向公法。突出表现为，在人口政策等国家宏观因素的影响下，家庭教育政策从调整家庭内部关系转变为国家、政府及社会等对家庭成员及其家庭事务关系的外部保护。

（三）积极行动期：专门规章针对执行（1996—2011年）

1996年，全国妇联、教育部联合颁布了《全国家庭教育工作"九五"计划》，这是我国首部家庭教育的专门规划。历史制度主义认为，制度发展一旦选择了某一路径，就会沿着既定方向发展，往往会随着时间的推移进入连续性的演进逻辑。因此，1996年至2011年，全国妇联、教育部相继颁布了三份家庭教育工作计划（分别于1996年、2002年、2007年颁布）、三份关于家长学校的指导意见（于1998年、2004年、2011年分别颁布了《全国家长学校工作指导意见（试行）》《关于全国家长学校工作的指导意见》《关于进一步加强全国家长学校工作的指导意见》）、两份家长教育行为规范（分别于1997年和2004年颁布和修改了《家长教育行为规范》）、一份家庭教育指导大纲（2010年全国妇联、教育部等联合颁布了《全国家庭教育指导大纲》）等家庭教育专门规章，为我国家庭教育工作的开展提供了政策上的引领和支持。其中2010年颁布的《全国家庭教育指导大纲》是我国国家层面的首份科学、系统、全面的家庭教育指导性文件，对"新婚及孕期、0~3岁、4~6岁、7~12岁、13~15岁、16~18岁、特殊儿童、特殊家庭及灾害背景下的家庭"提出了明确具体的家庭教育指导内容和要求，使各个年龄阶段儿童的家长、各级各类家庭教育指导机构和相关职能部门、社会团体、宣传媒体等有了家庭教育指导的官方依据。

国家法律和政府文件中也涵盖了一系列对家庭教育工作的规定、指导。1991年，全国人大常委会颁布了《未成年人保护法》，"家庭保护"一章中具体说明了家长作为监护人引导和教育未成年人的权利和义务。1992年，国务院妇女儿童工作协调委员会（以下简称妇儿工委）首次以行政法规形式颁布了改革开放以来第一部与家庭教育相关的政策文件《九十年代中国儿童发展规划纲要》，标志着政府开始主导家庭教育指导工作[5]。紧接着，1995年中国教育工作的根本法《中华人民共和国教育法》中规定，要积累一批聚焦学校和社会开办家长学校的现状、问题和对策等实践成果。进入21世纪的第一年，国务院颁布了《中国儿童发展纲要（2001—2010 年）》，提出要"基本建成适应城乡发展的家庭教育指导服务体系，办好各类家长学校，帮助家长树立正确的保育、教育观念，掌握科学的教育知识与方法，建立各级家庭教育指导机构，将家庭教育指导服务纳入城乡公共服务体系"。[6]这既指明了我国家庭教育事业的发展方向，又对家庭教育工作做出了具体指导。2004年，国务院颁布了《关于进一步加强和改进未成年人思想道德建设的若干意见》，强调各级妇联组织、教育行政部门和中小学校要切实担负起指导和推进家庭教育的责任；要与社区密切合作，办好家长学校、家庭教育指导中心，并积极运用新闻媒体和互联网，面向社会广泛开展家庭教育宣传，普及家庭教育知识，推广家庭教育的成功经验。文件特别强调了媒体、学术团体等在科学实施家庭教育中的重要性，要求充分发挥各类家庭教育学术团体的作用，开展科学研究，为家庭教育工作提供理论支持和决策依据。

在积极行动期，政策的专门化特征逐渐鲜明。在此之前，家庭教育相关政策只在《教育法》《婚姻法》《预防未成年人犯罪法》等与教育、妇女、儿童相关的法律法规中体现，自1996年以来，陆续有多部直接与家庭教育相关的政策出台，从家庭教育的主管单位到家庭教育工作的实施保障，从家长学校、家长委员会到社区家庭教育指导服务中心等方面都给予了专门的规定和支持。

（四）繁荣发展期：领导人的推动力量（2012年至今）

党的十八大以来，党中央领导高度重视家庭教育，在党代会、全国教育大会、会见文明家庭代表等不同场合多次谈到要"注重家庭、注重家教、注重家风"。习近平总书记在2018年全国教育大会上明确提出，"家庭是人生的第一所学校，家长是孩子的第一任老师，要给孩子讲好'人生第一课'，帮助扣好人生第一粒扣子"。在国家领导人的重视下，我国家庭教育事业蓬勃发展，家庭教育政策建设的步伐显著加快，家庭教育工作也迎来了繁荣发展期。

2012年是家庭教育政策繁荣的一年，各部门协同推进家庭教育事业的发展，初步形成了在家庭教育内容、实施保障上全方位的家庭教育政策体系。2012年2月教育部颁布的《关于建立中小学幼儿园家长委员会的指导意见》提出要"把家长委员会普遍建立起来"的要求，强调了家长委员会对于"发挥家长作用，促进家校合作，优化育人环境"的重要意义,促进了家长委员会"参与学校管理、参与教育工作、沟通学校与家庭"功能的发挥,以此来支持学校德育工作、安全与健康教育工作,减轻学生课业负担,营造良好的家校关系等,并从地方各级教育部门和学校角度分别为家长委员会的建设提供有力保障。同年3月,全国妇联、教育部、中央文明办等联合发布《关于指导推进家庭教育的五年规划(2011—2015年)》(以下简称《规划》),对未来五年的家庭教育工作做了整体部署。《规划》提出了未来五年内家庭教育工作的指导思想、工作目标和工作原则,充分强调要促进家庭教育立法取得实质性成果[7]。家庭教育立法工作逐步提上日程,全国各地研究所和高校开展了家庭教育工作"要不要立法""怎样立法"等激烈讨论。

在国家层面的法律未出台之前,地方性家庭教育立法先行,积极推进全国家庭教育立法进程。自2016年重庆市第四届人民代表大会常务委员会第二十五次会议通过了《重庆市家庭教育促进条例》以来,截至目前,先后已有多个地区沿着"路径依赖"的轨迹,出台了适合本地区实际情况的家庭教育地方性法规,分别是《重庆市家庭教育促进条例》(2016年)、《贵州省未成年人家庭教育促进条例》(2017年)、《山西省家庭教育促进条例》(2018年)、《江西省家庭教育促进条例》(2018年)、《江苏省家庭教育促进条例》(2019年)、《浙江省家庭教育促进条例》(2020年)、《湖北省家庭教育促进条例》(2021年)。各地区的《家庭教育促进条例》紧紧围绕"家庭责任与实施、学校指导、政府推进、社会参与、法律责任"等方面对本地区家庭教育工作进行法律规范和引导,地区内家庭教育"有法可依",家、校、政、社联合积极推进家庭教育工作蓬勃发展。

在繁荣发展期,家庭教育政策的"综合性"特征鲜明。尤其是2015年教育部在最新家庭教育现状基础上颁布的《关于加强家庭教育工作的指导意见》将政策发展推向新时代的高潮,全社会范围内充分加强了家庭教育工作的重要意义,家长在家庭教育中的主体责任也得到进一步明确,同时学校配合家长在家庭教育中发挥重要作用,强调了家校合作的重要功能,家庭教育社会支持网络、组织领导保障、科学研究保障和宣传引导保障、家庭教育立法工作等也日趋完善。

二、家庭教育政策变迁的理论解释

历史制度主义的变迁理论一方面体现为路径依赖理论,另一方面体现为关键节点引起的制度断裂理论,还体现为推动制度变迁的动力机制理论。基于变迁理论,本研究从路径依赖、关键节点、动力机制三个理论角度对70多年来家庭教育政策变迁进行解释。

（一）家庭教育政策的路径依赖：制度惯性与退出成本

历史制度主义认为，政策变迁过程总体上分为制度存续的正常时期和制度断裂的关键节点时期，其中正常时期的制度变迁遵循路径依赖规律，制度与环境及其制度内部都保持着某种平衡，使家庭教育政策变迁呈现出鲜明的路径依赖色彩。首先表现在新中国成立初期对苏联家庭教育模式的模仿和学习，以及20世纪50年代后法律对家庭人际关系的界定，使我国家庭教育政策陷入"为父母教育子女"的私法桎梏。

面对教育改革发展的新形势，党的十八大以来，习近平总书记等国家领导人对家庭教育高度重视，在多个场合提倡家庭、家教、家风建设。在历史制度主义理论看来，制度发展一旦选择了某一路径，就会沿着既定方向呈现出自我强化的发展趋势，驱使政策沿着固定的轨道演化，形成制度变迁的路径依赖现象往往会随着时间的推移进入惯性演进逻辑。因此，党的十八大以来家庭教育政策出台频繁，各部门协同推进家庭教育事业的发展，初步形成了多个直接与家庭教育相关的文件相互支持、相互补充的家庭教育政策体系。同时，受回报递增效应影响，历史制度主义认为，路径依赖受学习效应、协同效应、适应性预期和退出成本等多重因素的影响，一旦某种制度固定下来，退出成本的增大将使得制度的改变变得越来越困难。

（二）家庭教育政策的关键节点：关键转折与制度转型

在历史制度主义框架内，破解路径依赖通常取决于关键节点发生政策的断裂式变迁。关键节点的出现是由于外部宏观环境发生了重大变化，即特定的国家制度和社会背景的改变颠覆了现行制度，导致行动者调整或革新原有制度，使制度的断裂式变迁成为可能。在这一制度断裂的关键节点上，新的制度就建立于各种政治力量的冲突结果的基础上，这种冲突结果的凝固就逐步构成了新的制度。纵观70多年来我国家庭教育政策的发展历程，主要出现了两个关键节点，带来了两次典型的制度转型，分别将我国家庭教育的政策路径由私法转向公法，由一般政策规定转向家庭教育专门规章并针对性地执行，其背后蕴含的逻辑反映了我国家庭教育政策从调整家庭内部私人领域关系转化为调整政府、社区、学校、家庭的外部社会关系。

第一个关键节点是改革开放。"文革"结束后，随着国家拨乱反正和实施改革开放，各领域进入恢复重建新时期。之后实行的计划生育基本国策使得外部宏观环境发生了重大变化，为政策变迁提供了契机，我国迎来家庭教育政策变迁过程中的第一个关键节点。改革开放对以往家庭教育政策面向家庭内部关系的"惯性"产生了改变或颠覆，也构成了许多政策路径依赖过程的起点。

第二个关键节点是1996年我国第一部家庭教育的专门规划《全国家庭教育工作"九五"计划》的出台。这一规划将家庭教育工作原则调整为"划三片,分两步走",根据经济状况、人口状况、地理环境、家庭教育工作基础和九年义务教育普及等情况,为我国的家庭教育工作按地域的不同分别设置了符合地方发展状况的分阶段目标,并明确要求家长要掌握一定的教育观念与方法。该政策的问世表明家庭教育所蕴含的提高公民素质、为国教子的功能与价值受到了国家的关注。在此之前,我国家庭教育作为公法在国家法律政策中虽已涉及,但家庭教育一直作为教育政策、人口政策的附带条文,而家庭教育本身所蕴含的育人功能和价值未被专门提出。1996年后,全国妇联、教育部相继颁布了三份家庭教育工作计划、三份关于家长学校的指导意见、两份家长教育行为规范、一份家庭教育指导大纲等家庭教育专门规章,家庭教育工作在政策引领下走向专业化和专门化。

(三)家庭教育政策的动力机制:宏观环境与行动者

国家宏观制度的理性设计对家庭教育政策具有主导作用,在政策的制定理念和内容等方面强调为社会主义现代化建设服务的导向与功能,从历史分析来看,我国家庭教育变革更多的是外因驱使下的产物,是一种自上而下的由政府主导的强制性制度变迁。历史制度主义的分析框架归纳之一是制度的宏观影响因素分析,尤其强调政治、经济、文化心理结构。新中国成立以来,家庭教育政策演变的轨迹正符合历史制度主义的动力机制理论,体现为在国家主导下沿着我国时代背景尤其是政治改革主线的强制性制度变迁。在强制性制度变迁模式中,当国家宏观制度、行政机关中心的话语模式靠拢家庭教育工作时,该领域政策也"乘风而上",如改革开放后拨乱反正的政治改革、"计划生育"基本国策与"全面二孩"政策等人口政策。中央的决议促进政府力量、社会力量、学校力量和家庭力量相互配合,家庭教育成为一种重要的教育运行领域。政府的强制性主导有利于把握家庭教育宏观发展方向,促进家庭教育事业平稳有效地推进。在国家的强制性之下,政治背景和政府权力扮演着推动家庭教育制度变迁动力的重要角色。

在谈论制度变迁的动力机制时,历史制度主义同时强调将行动者纳入到制度框架中,强调从中观层面入手,为制度研究开创一种"宏观结构—中观制度—微观行动者"的新视角。社会经济和政治背景的变化也有可能会在既定的制度背景下产生出一些新的行动者,这些新的行动者有可能会利用原本服务于旧有行动者的制度来为自己服务。在家庭教育政策领域,党的十八大以来习近平总书记等国家领导人在多场合讲话中提出重视家庭教育,加大国家宏观制度的引领,这将家庭教育政策的发展推向了高潮,相关政策短时间内涌现。

三、家庭教育政策变迁的特点

通过分析新中国成立70多年来我国家庭教育政策变迁的特点,得出以下结论。

(一)家庭教育政策制定部门的协同性

家庭教育政策的制定部门从单部门到多部委,体现了家庭教育工作主管部门的协同性。首先,中共中央、全国人大和国务院先后多次发布加强和改进我国家庭教育和家庭教育工作的政策法规,对家庭教育的重要功能和家庭教育工作的基本原则做出规范,明确了家庭教育开展工作的方向,体现了党中央、国务院政策制定的协同性。其次,全国妇联、教育部联合中央文明办等多次下发全国家长学校工作指导意见、家庭教育工作五年规划、家庭教育工作指导意见等家庭教育专门文件,使我国家庭教育走上专业化和专门化的道路。其中,教育部在制定和颁发家庭教育政策文件中的作用逐渐加强,初步形成了多个文件相互支持、相互补充的家庭教育政策体系,对各个家庭教育工作主体职责的界定,对家庭教育工作目标和内容的规划,以及对家长责任、教育行政部门责任、家庭教育工作机构责任都有明确要求。

(二)家庭教育政策内容的分散性和扩展性

家庭教育政策内容的分散性主要体现在:目前我国家庭教育法律仅可散见于《教育法》《未成年人保护法》《预防未成年人犯罪法》《公民道德建设实施纲要》《民法总则》《婚姻法》《义务教育法》《妇女儿童权益保障法》《中国儿童发展纲要(2011—2020年)》等法律和行政法规中。一是法律中父母对子女的监护责任的条文,《民法通则》和《未成年人保护法》中均对父母对子女的监护责任进行了相关规定,要求父母在家庭教育中积极履行监护责任,创造良好的家庭环境,并对父母消极履行责任从而导致未成年人合法权利受到侵害的行为进行了具体化的列举和规定;二是法律中父母对子女有抚养教育义务的条文,《教育法》《中国儿童发展纲要(2011—2020年)》等均指出父母或者其他监护人有让未成年人接受义务教育的义务。虽然在散见的法律法规中简单列举了家庭教育中父母对子女的监护责任和抚养教育义务,但仍存在家庭教育工作权责不清、事权不专、保障不力等问题。

家庭教育法律内容的扩展性主要体现在:在新中国成立初期,国家法律法规中与家庭教育相关的条文只是在政策边缘游走,如在断裂真空期只是能在"成人教育"和"继续教育"领域以及老一辈革命家的家书中找到国家层面家庭教育政策的蛛丝马迹;改革开放后家庭教育政策演变进入复苏转型期,在国家层面的法律条文中真正出现了"家庭教育"相关规定;1996年我国首部以"家庭教育"命名的《全国家庭教育工作"九五"计划》的问世,标志着我国家庭教育工作有了专门性规划;最初的政策只涉及对家庭中父母和子女关系的规定,随着政策演变逐渐成熟,增加了政府和社会的支持,甚至在地方性立法中出现了"法律责任"的相关条文。

(三)地方立法先行,法律规范缺位

《国家中长期教育改革和发展规划纲要(2010—2020年)》中提出了"六修五立"的教育立法计划,相关部门对《学前教育法》《学校法》《终身教育法》《考试法》的立法调研或论证工作已持续多年,但尚未呈现出突破性进展。重视法律的顶层设计,首先应在基本法中不断提升家庭教育的法律地位,但我国的家庭教育专门法律却姗姗来迟,传统立法的慢节奏与低效率难以适应教育现代化对教育法制的迫切需求。虽然近年来家庭教育政策在数量和质量上日渐增多和提升,但是家庭教育政策缺乏执行力度,导致家庭教育政策主要是作为话语的政策,而不是行动指南的政策。家庭教育迫切需要通过专门立法予以规范。因此,考虑到各地区经济发展和具体家庭教育现状,家庭教育的地方性立法勇立潮头。加快家庭教育立法,明确家庭教育的立法地位,是确保家庭教育重要地位、促进教育体系整体协调发展的重要条件。除了总则性的条款,也要对其管理体制、保障机制、具体措施等进行详细的规定。在家庭教育立法方面,2011年全国妇联决定将家庭教育的立法作为工作要点之一,全国妇联、教育部等组织专家团队加快家庭教育立法工作。建议国家应当尽快出台国家层面的家庭教育法律,通过家庭教育的法制化促进全社会教育事业的发展,早日将家庭教育纳入现代教育体系,实现家庭教育现代化。

参考文献

[1] 何俊志. 结构、历史与行为——历史制度主义的分析范式[J]. 国外社会科学, 2002(5): 26-34.

[2] 庄德水. 论历史制度主义对政策研究的三重意义[J]. 理论探讨, 2008(5): 142-146.

[3] 赵忠心. 家庭教育学[M]. 北京: 人民教育出版社, 2017.

[4] 缪建东. 家庭教育学[M]. 北京: 高等教育出版社, 2015: 363-371.

[5] 国务院妇女儿童工作协调委员会. 九十年代中国儿童发展规划纲要[EB/OL]. (2017-04-19)[2019-04-20]. https://www.nwccw.gov.cn/2017-04/19/content_157196.htm.

[6] 国务院. 国务院关于印发中国妇女发展纲要和中国儿童发展纲要的通知[EB/OL]. (2011-07-30)[2019-04-20]. http://www.gov.cn/gongbao/content/2011/content_1927200.htm.

[7] 全国妇联, 教育部, 中央文明办, 等. 全国妇联 教育部 中央文明办 民政部 卫生部 国家人口计生委 中国关工委关于印发《关于指导推进家庭教育的五年规划(2011—2015年)》的通知[EB/OL]. [2019-04-20]. http://www.moe.gov.cn/jyb_xxgk/moe_1777/moe_1779/201206/t20120625_138245.html.

第二章

家庭教育的现状与需求

我国家庭教育指导需求研究：回顾与反思[①]

魏　衍[②]

摘要： 当前，家长对家庭教育的重视程度越来越高，对家庭教育指导的需求也逐渐增加。本文从家庭教育指导总需求量、家庭教育指导需求文献中各类儿童家长需求研究的文献比重、指导内容需求、指导方式与途径需求和指导师资需求等五个方面进行梳理与分析，发现我国家庭教育指导需求研究缺乏理论支撑、范围偏小且侧重失衡、研究者与实践工作者沟通不畅，家长家庭教育指导需求中存在内容需求不合理、方式与途径需求单一以及指导师资需求单一等方面不足。因此，加强家庭教育指导网络方面的研究，推进家庭教育指导理论建设，扩大研究范围且平衡研究群体，促进研究者与实践工作者交流沟通，提升家长寻求指导的意识，推动指导内容科学与高效，构建多样化的指导方式与途径，推进指导师资专业化，应是家庭教育指导需求研究的未来走向。

关键词： 家庭教育　家庭教育指导　家庭教育指导需求

家庭是孩子的教育起点，父母是孩子的启蒙老师，家庭教育在孩子成长历程中有着重要的作用。家长已认识到家庭教育对孩子健康成长的重要作用，但由于自身家庭教育等方面知识与技能的缺乏，在教育孩子过程中显得束手无策。家长希望通过接受家庭教育指导，从而掌握家庭教育等相关知识、理念、方法与技能，为孩子提供全面、系统、科学和高效的教育。然而，我国家庭教育指导需求方面的研究与家庭教育指导实践并不能满足家长的需要。因此，有必要对我国家庭教育指导需求研究进行系统的梳理与分析，通过回顾我国家庭教育指导需求的研究成果，反思不足，以期为家庭教育指导需求研究与家庭教育指导实践提供借鉴。

---

① 本文刊发于《教育探索》2019年第3期。
② 山西师范大学教育学专业2017级硕士研究生。

一、目前我国家庭教育指导需求研究的主要内容

（一）不同类别儿童家长家庭教育指导总需求量的研究

有研究发现，70%的儿童家长从儿童健康成长的角度，认为有必要接受由专业机构或工作者提供的家庭教育指导[1]。不同类别儿童家长接受家庭教育指导的需求都比较强烈，不同地区虽然有差异，但需求最少的地区也有70%以上的儿童家长有接受家庭教育指导的需求。家庭教育在孩子成长过程中有着举足轻重的地位，家长对家庭教育越来越重视，但由于教育学、心理学等方面知识与技能的缺乏，在教育孩子的过程中家长往往力不从心。因此，不同类别儿童家长都有强烈的家庭教育指导需求，并且有积极参与家庭教育指导的意愿。家长对家庭教育指导需求是比较全面的，不仅有家庭教育具体知识与技能的需求，而且有家长自身教育能力提升的需求。

（二）家庭教育指导需求文献中各类儿童家长需求文献比重的研究

以"家庭教育指导"或"家庭教育指导需求"为主题词或篇名在中国知网（CNKI）中检索至2017年12月31日的相关文献，共418篇，其中期刊论文317篇，硕博论文101篇。通过对不同类别儿童家长需求研究的文献在总的研究文献中的比重进行研究，分析不同类别儿童家长家庭教育指导需求研究的侧重情况。

1.以儿童学段划分的家长需求群体的文献比重研究

由图1可知，在我国家庭教育指导需求研究的相关文献中，有44%的文献主要研究学前儿童家长的家庭教育指导需求，小学生家长的家庭教育指导需求研究占文献总数的29%，普通中学生家长的家庭教育指导需求研究占文献总数的23%，而职业中学生家长的需求研究仅仅占文献总数的4%。

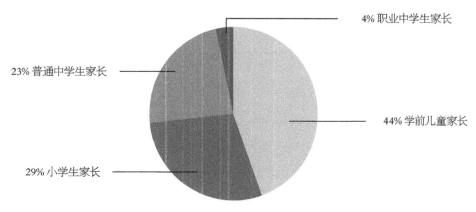

图1　以儿童学段划分家长需求群体的文献比重图

因此,在我国家庭教育指导需求的研究中,偏重对学前儿童家长家庭教育指导需求的研究,对小学生家长和普通中学生家长家庭教育指导需求都有一定的研究且比重相当,而对职业中学生家长的家庭教育指导需求研究偏少。以上研究情况反映出,专家学者在我国家庭教育指导需求研究中的侧重失衡,偏重对学前儿童家长家庭教育指导需求的研究且关注学前儿童各方面的发展;对普通中小学生家长的家庭教育指导需求有一定的研究且更多关注他们的学习成绩;职业中学生所表现出的问题较多,但对职业中学生家长家庭教育指导需求的研究较少。今后要加强对职业中学生家长家庭教育指导需求的研究。

2.以儿童类别划分的家长需求群体的文献比重研究

由图2可知,在我国家庭教育指导需求研究的相关文献中,普通儿童家长家庭教育指导需求研究文献占总文献的65%,农村儿童家长需求研究文献占总文献的15%,流动儿童家长需求研究文献占总文献的13%,特殊儿童家长需求研究文献占总文献的5%,城市困难儿童家长和未成年犯罪儿童家长需求研究文献仅各占总文献的1%。

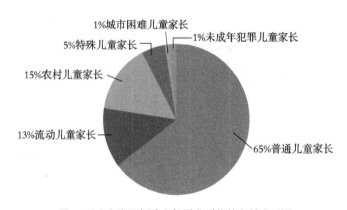

图2　以儿童类别划分家长需求群体的文献比重图

因此,在我国家庭教育指导需求的研究中,对普通儿童家长家庭教育指导需求的研究要远高于其他类别儿童家长家庭教育指导需求的研究。其中,对流动儿童家长和农村儿童家长的家庭教育指导需求有一定的研究。对特殊儿童家长、城市困难儿童家长和未成年犯罪儿童家长的家庭教育指导需求的研究偏少。由于普通儿童家长居住在城市且分布相对集中,调查研究的条件、资金与各种资源相对充足,国家、社会与家长普遍重视等方面原因,使得专家学者偏重对普通儿童家长家庭教育指导需求的研究。而对农村儿童、流动儿童、城市困难儿童、特殊儿童和未成年犯罪儿童等弱势群体儿童家长的家庭教育指导需求研究偏少,这主要是由弱势儿童群体家长分布相对分散、地理位置与交通条件限制、研究条件与资金不足、调研群体的特殊性等原因造成的。在今后的家庭教育指导需求研究中,既要重视对普通儿童家长家庭教育指导需求的研究,也要侧重对弱势儿童群体家长家庭教育指导需求的研究,集中研究他们的指导需求、家庭教育问题的特殊性和指导的特殊性与便利性,为他们提供更好的家庭教育指导服务。

(三)家庭教育指导内容需求的研究

1.学前儿童家长、普通中小学生家长和职业中学生家长

已有研究表明,不同学段儿童家长对家庭教育指导内容需求有不同的偏向。学前儿童家长对家庭教育指导内容需求主要有培养儿童的行为习惯、获得家庭成员的支持、学习处理家庭危机的方法和树立正确的婚姻观念等[2]。普通中小学生家长的家庭教育指导内容需求集中在孩子的学习成绩、心理发展、身体发展和良好品行等四个方面,在社交能力、亲子沟通、科学探索、教育资源和休闲消费等方面缺乏应有的关注[3]。另外,家长不仅有在教育孩子方面的需求,而且有自身学习家庭教育相关知识的需求[4]。职业中学生家长家庭教育指导内容需求集中在增强孩子学习动力、提高学习自信、掌握学习方法、养成良好道德品质、纠正不良习惯、形成正确的态度与价值观等方面[5]。

2.流动儿童家长与农村儿童家长

通过研究发现,流动儿童家长家庭教育指导内容需求主要有家庭环境创设、家庭成员关系、思想动态、学习不适、交往不适、安全问题和网络问题等方面[6]。另外,在促进家长转变教育观念、加强对流动儿童家庭教育状况的研究和解决不同群体面临的家庭教育问题上也有一定的需求[7]。农村儿童家长家庭教育指导内容需求以有效、科学的家庭教育理念、方法和手段为主[8]。

3.特殊儿童家长、城市困难儿童家长与未成年犯罪儿童家长

已有研究反映出,特殊儿童家长的家庭教育指导内容需求主要有特殊儿童的行为养成教育、残疾儿童的权利与需要及政府和社会部门能提供的服务、行为矫正方法、青春期教育、性教育、特殊儿童良好心理品质的培养、社会适应教育和职业教育等方面。对城市困难儿童家长进行家庭教育指导的主要内容需求有抚养教育子女的科学知识、教育子女的成功经验、改善家庭功能、激发儿童的心理资源和增强儿童的应对行为能力[9]。未成年犯罪儿童家长家庭教育指导内容需求以培养孩子基本生活技能、社会规范、生活目标和社会角色等方面为主,并且关注培养家长健康的教育方式[10]。

综上,不同类别儿童家长对家庭教育指导内容的需求存在差异性。学前儿童家长集

中关注儿童身心的发展、品德习惯的培养和良好社交能力的训练等。中小学生家长首要关注孩子的学习成绩，其次是孩子的身心发展、品德培养等方面的内容。尤其是中学生家长更加关注孩子的学习成绩。普遍的一致性是中小学生家长不了解非智力因素对学习的巨大作用，而且身心发展、品德培养与学习成绩同等重要。这就说明在今后的家庭教育指导需求研究中，要深入了解家长的需求与问题，有针对性地研究才能更好地推动家庭教育指导工作。农村儿童家长、流动儿童家长和城市困难儿童家长对家庭教育指导内容的需求，主要集中在接受先进的教育理念、转变以前的教育观念、学习科学有效的家庭教育知识、掌握儿童生理与心理发展规律、家庭环境创设和与孩子沟通交流技巧等方面。特殊儿童家长的需求主要集中在尊重与激励儿童、激发儿童的潜能、与儿童沟通交流、特殊的教育教学方法和儿童的生理与心理的规律知识等方面。未成年犯罪儿童家长的需求主要以不良心理与行为的矫治、与儿童的沟通交流、基本生活技能和父母效能训练等方面的内容为主。

因此，在家庭教育指导内容需求研究方面，需要了解不同类别儿童家长对家庭教育指导内容需求存在的差异。另外，家长不仅对孩子各方面发展的内容有需求，而且对自身教育能力的提升、家庭氛围的营造和家庭成员良好关系的维系也有需求。在不同类别儿童家长家庭教育指导内容需求研究方面，既要研究不同儿童家长对指导内容的需求，又要结合儿童身心发展规律与特点、儿童健康发展的整体要求和系统、科学的教育理念，还要研究不同儿童家长所处的现实环境、拥有的资源和享有的教育条件，将多方面因素真正有机地结合起来，为家长提供全面、科学、系统和有效的指导。

（四）家庭教育指导方式与途径需求的研究

1.普通儿童家长

已有研究表明，儿童家长的家庭教育指导方式主要有个别指导、集体指导及文字音像资料的介绍、推荐和提供等[11]。家长对集体指导形式的需求主要集中在亲子活动和家庭教育讲座上，对家庭教育经验交流会、专题讨论会、亲子活动和家长会等都有不同程度的需求，而且对于个别分组指导也有一定的需求[12]。家长对个别指导形式的需求包括家庭访问、在校接待等。

2.流动儿童家长与农村儿童家长

一些学者对流动儿童家长和农村儿童家长的家庭教育指导进行了研究。研究发现，流动儿童家长与农村儿童家长对指导方式的需求主要是以学校为主体进行集中指导的方式。比如说，流动幼儿家长家庭教育指导方式需求主要有沙龙、讲座、亲子活动和培训等集体指导方式[13]，农村幼儿家长家庭教育指导方式需求主要有幼儿园的指导（以集中指导和个别指导为主）、社区的指导（以集中指导为主）、幼儿家长自主获取信息学习等[14]。具体通过家长工作坊、幼儿园开放日、家长专题讨论会与专家系列讲座等活动的形式开展[15]。

3.特殊儿童家长、城市困难儿童家长和未成年犯罪儿童家长

通过研究发现，特殊儿童家长家庭教育指导需求主要是专题讲座、家长论坛、家教文集、亲子活动、榜样示范和家长委员会等集体指导方式，还有面谈沟通、电话沟通和网络沟通等个别指导方式[16]。城市困难儿童家长家庭教育指导方式需求有全体辅导、分类辅导和个别辅导等。城市闲散未成年犯罪儿童家长家庭教育指导需求主要是家长学校、个别咨询指导和有针对性的救助等方式。

综上，一方面，在家庭教育指导方式与途径的选择上，不同类别儿童家长的需求具有一致性。多数家长对家庭教育指导方式与途径倾向于选择集体指导的方式，对个别指导方式有一定需求，而选择网络指导、查阅专业书籍资料等方式的需求偏少。家长选择集体指导的方式主要原因是面对面的交流有利于增强指导教师和家长有效的互动和信息的双向交流，在集体指导中不易暴露家长自身与孩子的缺点，更有利于准确地找出家庭教育的问题且接受有针对性的指导。家长对个别指导需求较少是由家长自身素质、对家庭教育指导认知不足、顾及自己的面子和不希望单独暴露孩子的缺点等多种因素造成的。除非孩子的问题特别需要个别指导解决或家长自身接受个别指导的愿望强烈，家长才会倾向于选择个别指导的方式。部分家长由于自身素养、所处环境和所能享受的资源等条件限制，对网络指导、查阅专业书籍资料等方式的需求偏少。

另一方面，普通儿童家长接受家庭教育指导可以通过学校、专业机构、家庭教育专家、家庭教育网络平台与家庭教育书籍资料等多种主体进行，家长接受家庭教育指导的方式与途径呈现多样化。而流动儿童家长、农村儿童家长、城市困难儿童家长、特殊儿童家长和未成年犯罪儿童家长等弱势儿童群体家长，主要依靠学校开展的家庭教育指导相关活动来接受家庭教育指导服务，接受家庭教育指导的主体、方式与途径比较单一。由此，今后的家庭教育指导需求研究应更加关注弱势儿童群体家长的家庭教育指导，集中研究他们的家庭教育指导需求、家庭教育问题的特殊性和指导的特殊性与便利性，切实构建多样化的家庭教育指导主体、方式与途径，更好地为家长提供家庭教育指导服务。

（五）家庭教育指导师资需求的研究

已有研究发现，家长在家庭教育指导师资的需求方面，师资需求量由高到低的是教

育专家、学校老师、专业家庭教育指导教师、有经验的家长。不同类别儿童家长对家庭教育指导师资的需求主要集中在孩子自己的老师或班主任、家庭教育专家和专业的家庭教育指导教师这几类。家长对家庭教育指导教师的素养要求主要是专业知识丰富和实践经验充足。因此，在家庭教育指导的师资需求研究中，既要深入研究家长对家庭教育指导师资的需求，又要对家庭教育指导教师进行深入、系统和全面的研究，从而推动家庭教育指导教师适应指导行业的专业要求，符合家长对家庭教育指导教师的需求。在家庭教育指导的实践中，既要确立学校在家庭教育指导中的主体作用，积极打造一支科学、系统、高效和专业的师资队伍，又要发挥家庭教育专家和专业家庭教育指导教师的引领作用，形成专业化的家庭教育指导师资团队。在切实进行家庭教育指导的过程中，要做到专业与科学的指导理念和家长的需求相结合，为不同类别的儿童家长提供专业的、系统的、科学的和有针对性的家庭教育指导。

二、我国家庭教育指导需求研究的不足

目前，我国家庭教育指导需求研究和实践工作都取得了一定成果，研究广度和深度都在逐渐增加。然而，由于对家庭教育指导需求这一主题的关注时间短、投入资金不足、研究队伍少、理论基础薄弱和研究不均衡等原因，在研究与实践方面难免存在不足之处。因此，对我国家庭教育指导需求研究进行总结会使得今后的研究与实践更有现实针对性。

（一）家庭教育指导需求研究方面的不足

1.家庭教育指导需求研究缺乏理论支撑

在家庭教育的相关研究中，研究人员偏少且研究团队整体实力不强，理论研究不够深入，研究缺乏体系化，研究成果产出偏少，这就造成在家庭教育指导需求研究中，缺乏家庭教育、家庭教育指导相关理论的支撑。对不同类别儿童家长家庭教育指导需求缺乏理论化、科学化与系统化的研究，仅在家庭教育研究者与实践工作者的经验的基础上进行调查研究，从而影响家庭教育指导需求相关研究结论的科学性、有效性和可推广性。

2.家庭教育指导需求研究范围偏小且研究侧重失衡

家庭教育指导需求研究范围偏小，未能有效地涵盖所有需求群体。虽然在普遍程度上对不同类别儿童家长家庭教育指导需求进行研究，其中涉及学前儿童家长、中小学生家长、农村儿童家长、流动儿童家长、城市困难儿童家长、特殊儿童家长和未成年犯罪儿童家长等，基本上涵盖了所有类别儿童的家长。但这仅是从家长的角度对家庭教育指

导需求进行研究,而没有从政府、社会、学校和专业机构的角度考察他们对家庭教育指导的现实认知与未来规划,甚至没有从儿童自身的角度对家庭教育指导需求进行深入研究,没有切实地了解儿童对家庭教育的需求。

家庭教育指导需求研究的侧重失衡,对不同类别儿童家长家庭教育指导需求的研究,其量与质都有很大的差别。大多数专家学者的研究都是围绕学前儿童展开的,侧重对学前儿童家长家庭教育指导需求的研究,而对普通中小学生家长家庭教育指导需求的研究相对较少,但有一定的研究,对职业中学生家长家庭教育指导需求的研究则偏少。而且专家学者侧重对普通儿童家长家庭教育指导需求的研究,而对流动儿童家长、农村儿童家长、未成年犯罪儿童家长等弱势儿童群体家长的家庭教育指导需求研究偏少。

3.家庭教育指导研究者与实践工作者间交流沟通不畅

研究者在家庭教育指导需求研究过程中,很少将实践工作者作为家庭教育指导需求的研究对象,不能与实践工作者很好地交流沟通,缺乏对实践工作者的专业素养、家庭教育指导的专业需求、指导所遇困难和对指导的可行性建议等信息的充分了解。而且研究者通过相关研究,得出的家庭教育指导需求相关结论、构建的家庭教育指导体系、提出的可行性策略与建议等方面的内容,并没有真正地渗透和运用于实践工作者的家庭教育指导实践工作中,从而影响实践工作者专业素养的提升和家庭教育指导工作的效果。实践工作者在实际的家庭教育指导工作中,所产生的指导效果、遇到的指导困惑与问题、自身对指导的思考和所提出的改进意见等方面的内容,也不能及时与家庭教育指导研究者进行有效地沟通交流,从而影响研究者对家庭教育指导需求研究工作的深入推进和得出结论的科学性。在家庭教育指导需求研究中,研究者和实践工作者交流沟通不畅、信息不能双向互通,既影响研究者对家庭教育指导需求的研究,又影响实践工作者的家庭教育指导效果。

(二)家长家庭教育指导需求方面的不足

1.家庭教育指导的内容需求不合理

家长在教育孩子过程中存在盲目寻求家庭教育指导的倾向,对家庭教育指导内容包含的基本要素不清楚,对它们产生的教育效果无法评价。而且由于家长自身素养,家庭教育的理念、观念和方式等因素限制,家长在教育孩子过程中不能有针对性地、科学地和有效地选择自己所需要的家庭教育指导内容。例如,中小学生家长对家庭教育指导内容需求集中于盲目地追求孩子的学习成绩,不重视孩子的身心健康发展、良好行为品德的养成以及自身教育素养的提升等，从而影响家庭教育的效果。

2.家庭教育指导的方式与途径需求比较单一

不同类别儿童家长对家庭教育指导方式与途径的需求存在单一性。家长对指导方式与途径需求最大的是集中指导的方式。家长考虑到面对面交流有利于增强指导教师与家长间有效的互动和信息的双向流通，更有利于准确地找出家庭教育中存在的问题并接受有针对性的家庭教育指导，而且由于在集体指导中不易暴露孩子自身的缺点、家长的自身素质、对家庭教育指导的认知等，使得家长对集中指导的方式需求较大。但是，对个别指导的方式也有一定的需求，而对网络指导、查阅专业书籍资料等指导方式的需求偏少。这是由于现实条件限制、家长自身素养，以及这些方式中指导老师与家长不能双向沟通交流、信息无法双向互通、不能有针对性地解决家庭教育中的问题等诸多因素造成的。

3.家庭教育指导的师资需求比较单一

家长普遍偏向接受孩子班主任和任课教师所提供的家庭教育指导服务。主要原因是家长认为孩子的班主任和任课教师对自己孩子比较熟悉，家长也比较信任孩子的班主任和任课教师，愿意接受他们提供的家庭教育指导服务。但是，教师和家长看孩子的视角不同，很多教师并没有专业的家庭教育理论知识，提供的指导服务未必符合家长的需求与孩子的健康成长需求。教师面对大班额教学，很难做到切实有效的家庭教育指导。从实践了解的情况看，教师对家长反映孩子的不良情况居多，提供的家庭教育指导偏少。另外，家庭教育专家和家庭教育指导教师还没有普及到家长的身边，所以家长对家庭教育专家和家庭教育指导教师不太了解，因而对专业的家庭教育指导教师和教育专家的需求较少且不愿意接受他们的指导。

三、我国家庭教育指导需求研究的展望和启示

对我国家庭教育指导需求的研究与家长自身家庭教育指导需求不足的分析，希望一定程度上为我国家庭教育指导需求的研究与家庭教育指导实践的未来走向提供借鉴。未来我国家庭教育指导需求研究与家庭教育指导实践，建议针对以下几个方面做更加全面、系统与深入的探索。

（一）对家庭教育指导需求研究的展望

1.加强家庭教育指导网络构建方面的研究

政府、社会、学校和专业机构之间相互配合，共同承担家庭教育指导的重担，合力建

构家庭教育指导网络。第一,政府把握家庭教育指导的大方向,制定家庭教育指导的相关政策法规与监督管理条例,联合相关的教育部门编制家庭教育指导的实施手册;调动社会各方力量加强对家庭教育理论的研究,推进家庭教育的理论化建设;加大对家庭教育指导的资源投入,平衡家庭教育指导的城乡差异。第二,社会充分利用社区优势提供家庭教育指导的社区服务,社区有别于学校,应发挥社会工作的优势,利用集中学习与个别指导相结合的方式帮助家长解决教育孩子过程中遇到的问题与困难。第三,学校利用自身的教育资源优势,提升教师家庭教育指导的专业素养,开展多样化的家庭教育指导活动,切实地为家长提供家庭教育指导服务,解决家长在家庭教育中的问题与困惑。第四,专业机构要加强自身专业化水平建设和家庭教育指导的宣传,赢得家长对专业机构的认可与信赖,切实承担起家庭教育指导的重担。总之,家庭教育指导要综合各方力量,融合政府力量、学校教育、社会教育和专业机构教育的优势,共同推进家庭教育指导全方位、立体化和多层次的网络建设,充分发挥家庭教育指导的作用。

2.促进家庭教育、家庭教育指导相关理论的研究和研究队伍的建设

国家要加强对家庭教育的支持与建设力度,调动和协调各方力量,促进对家庭教育与家庭教育指导相关理论的研究,使家庭教育与家庭教育指导的相关理论不断丰富化、体系化和科学化。加强对家庭教育与家庭教育指导研究的专业队伍建设,充分利用高校尤其是师范类院校家庭教育的相关研究平台,促进高校家庭教育研究队伍不断壮大,且持续产出家庭教育与家庭教育指导的相关研究成果,使家庭教育、家庭教育指导理论不断丰富完善,以期为我国家庭教育指导的研究和实践工作提供相关的理论支撑,更好地为家庭教育指导工作者的实践活动提供指引。

3.扩大家庭教育指导需求的研究范围,促进研究侧重的相对平衡

在家庭教育指导需求的研究中,既要扩大研究的范围,又要促进研究侧重的相对平衡。在扩大家庭教育指导需求研究范围方面,不仅要对不同类别儿童家长进行深入的研究,而且要从政府、社会、学校和专业机构的角度考察他们对家庭教育指导的现实认知与未来规划,更要从儿童自身的角度对家庭教育指导需求进行深入研究,切实了解儿童对家庭教育的需求,从而推动家庭教育指导的研究范围扩大与角度多样,研究结果全面且能顾及不同群体的家庭教育指导需求。在促进家庭教育指导需求研究侧重相对平衡方面,既要侧重对普通儿童家长家庭教育指导需求的研究,更要深入地、有针对性地加强对社会弱势儿童群体家长家庭教育指导需求的研究,切实推动家庭教育指导需求研究与家庭教育指导服务的公平。

4.加强研究者与实践工作者之间的交流沟通

加强研究者与实践工作者之间的交流沟通，增强双方互动与信息互通。在家庭教育指导需求的研究中，研究者需要以实践工作者为重要的研究对象来进行深入的家庭教育指导研究，从而在研究结论的推广、可行性策略与建议的提出和家庭教育指导的体系构建等方面做到全面、系统和科学。实践工作者进行家庭教育指导实践工作，需要学习与借鉴研究者的家庭教育指导相关研究成果，从而增强自身专业素养，推动自身在科学、专业、系统和有针对性的家庭教育指导理念的引领下，为家长提供优质的家庭教育指导服务。

（二）对家庭教育指导实践的启示

1.加强家庭教育指导的宣传力度，增强家长寻求家庭教育指导的意识

政府、社会、学校和专业机构要加强家庭教育与家庭教育指导的宣传力度，更新家长的家庭教育观念与理念，促使家长对家庭教育形成全面、系统、正确和清晰的认知，并且推动家长能够按照自身的需求自主地寻求家庭教育指导，增强家长寻求家庭教育指导的意识。尤其是对农村儿童家长、流动儿童家长等弱势儿童群体家长，他们普遍教育观念陈旧、缺乏科学家庭教育的知识与技能、不熟悉儿童的生理和心理发展规律，要切实加大家庭教育指导的宣传力度，通过家庭教育指导活动改变家长的家庭教育理念与观念，促使家长掌握必备的家庭教育知识与技能，从而能够系统、科学、有效地教育自己的孩子，促进孩子全面健康成长。

2.推进家庭教育指导内容全面、科学、有针对性，促进儿童身心的健康发展

家庭教育指导的内容既要符合家长的需求，又要体现科学性、全面性、系统性、针对性和可行性。家庭教育指导的理念、观念要与时俱进，能够与家长家庭教育指导内容需求、儿童身心发展规律、儿童全面发展的教育理念相契合。在指导家长的过程中要充分了解家长和孩子的实际情况，以家长的需求为依据对他们进行有针对性的家庭教育指导，使指导内容做到全面、系统、科学、有针对性和高效。

3.构建多样化的家庭教育指导方式与途径

家庭教育指导方式与途径要多样化，家庭教育指导要充分采用集体指导、个人指导、网络平台和查阅书籍资料等自主学习相结合的方式。在家庭教育指导中，既要考虑教师与家长之间互动性强、信息双向交流等特点，又要考虑解决问题与困难的便利性、快捷性和针对性，切实构建多样化的家庭教育指导方式与途径，更好地提供家庭教育指导帮助。

4.促进家庭教育指导教师的专业化建设

国家应不断完善家庭教育指导教师专业素养相关的要求准则，加强对家庭教育专家、家庭教育指导教师等的家庭教育指导专业培训，切实提升相关从业人员的专业素养，并且加强对家庭教育指导相关从业人员的监督和管理，以规范相关从业人员的职业行为，提升相关从业人员的职业素养，为家长提供更加全面、系统与科学的家庭教育指导。

参考文献

[1] 程福财. 最年幼的流动人口：对上海0—3岁流动儿童生存状况的调查[J]. 当代青年研究，2011（9）：20-25.
[2] 许月. 3—6岁幼儿家长接受家庭教育指导的现状研究[D]. 石家庄：河北师范大学，2017.
[3] 侯晓晖，孙彩霞. 家庭教育指导的需求分析——以山西省太原市中小学学生家长为例[J]. 现代教育科学·普教研究，2011（5）：126-128.
[4] 朱丽娜. 小学生家长的家庭教育指导现状及需求研究——基于南京市Q区的调查[J]. 高等继续教育学报，2016（5）：70-73.
[5] 陈丹辉. 科学指导家庭教育 促进职校生学习效率的提高[J]. 职业技术，2007（8）：4-8.
[6] 郭启华，刘玉芳. 主体多元背景下流动儿童家庭教育指导研究[J]. 中国青年社会科学，2015（3）：31-35.
[7] 李杨，任金涛. 中国流动、留守儿童的家庭教育指导服务现状与建议[J]. 首都师范大学学报（社会科学版），2013（5）：152-156.
[8] 牛金芳. 河南省农村家庭教育的现状及对策研究——以南召县家庭教育为例[J]. 中国校外教育，2012（15）：11-12.
[9] 安秋玲. 贫困家庭教育指导项目的评估研究[J]. 华东理工大学学报（社会科学版），2016（3）：76-83.
[10] 张成仙. 东营市未成年人犯罪问题研究[D]. 济南：山东大学，2013.
[11] 李洪曾. 家庭教育指导工作的对象、内容与形式[J]. 上海教育科研，2000（6）：35-39.
[12] 王雅宁. 幼儿园国家庭教育指导现状研究[D]. 天津：天津师范大学，2012.
[13] 游蕊源. 以社区为依托开展流动幼儿家庭教育指导活动的研究——以重庆市S社区为例[D]. 重庆：西南大学，2012.
[14] 王亚珺. 农村幼儿家庭教育指导现状研究[D]. 南京：南京师范大学，2013.
[15] 王丽. 关于加强西部农村地区幼儿家庭教育指导工作的思考[J]. 教育探索，2014（9）：139-140.
[16] 宋长虹. 学龄前特殊幼儿的家庭教育指导[J]. 现代特殊教育，2015（3）：53-54.

未成年人家庭德育现状研究——以山西、安徽部分地区为例

赵霄冉[①]

摘要： 家庭是社会的基本细胞，是人们接受道德教育的第一场所。通过在山西、安徽部分地区发放调查问卷，从德育主体、德育观念、德育内容三个方面对未成年人家庭德育现状进行调查。调查结果表明，当前家庭德育中仍存在着德育主体失范、德育观念缺失、德育内容不清等问题。因此，应进一步树立现代家庭德育观念、学习优秀的传统家风文化、提供社会支持以优化德育环境，以此来有效提升我国未成年人家庭道德教育质量。

关键词： 未成年人　家庭　道德教育

一、问题提出

家庭德育是指在家庭环境中由其他年长者对于子女以及其他年幼者（儿童和青少年）施加有意识的思想道德教育或无意识的影响，把一定的道德规范、思想意识、政治观念转化为受教育者品德的一种教育活动[1]。家庭德育作为德育工作的起点，有着学校德育和社会德育所没有的巨大优势，同时良好的家庭德育对于培养未成年人健康的心理素质，提升社会责任感，强化奉献意识以及养成坚持不懈的奋斗精神、创新精神具有重要意义。当前随着中国特色社会主义进入新时代，人民更加追求美好生活，不仅对物质生活提出了更高的要求，在精神文明等方面的要求也日益提高。然而近年来，一些道德问题逐渐暴露于社会，比如由于家庭德育的缺位，未成年人的道德问题日渐增多，青少年犯罪、校园欺凌等事件时常见诸网络媒体。青少年是国家的希望，是民族的未来，是实现两个"一百年"奋斗目标和中华民族伟大复兴"中国梦"的决定力量，所以在新时代的背景下，在家庭中为未成年人形成良好的道德认知、道德情感、道德意志打下坚实的基础，帮助少年儿童树立正确的价值观念，重振社会道德风气的使命刻不容缓。

---

① 山西师范大学教育学专业2018级硕士研究生，现为安徽中医药大学护理学院专职辅导员。

二、研究方法

为准确、真实地了解当前我国未成年人家庭德育现状，找准家庭教育在德育方面存在的普遍性问题，以便能够找出更适合指导家庭德育的对策，切实提高我国家庭德育的质量，本研究从家庭德育的德育主体、德育观念、德育内容三个方面自编《家庭德育调查问卷》，在经过多次试测修订后，最终将该问卷正式施测。调查范围包括山西、安徽两个省份，共随机选取七所中小学，每所学校随机选取一个班级的学生家长进行问卷调查，共收回有效问卷228份，具体样本分布情况见表1。

表1 问卷样本分布情况

类别		人数（人）	百分比（%）
家庭角色	爸爸	68	29.82
	妈妈	137	60.09
	其他（姥爷姥姥/爷爷奶奶）	23	10.09
	总计	228	100.00
家长年龄	25~30岁	11	4.82
	31~40岁	174	76.32
	41岁以上	43	18.86
	总计	228	100.00
家长学历	高中或中专	29	12.72
	大专	96	42.11
	本科	90	39.47
	研究生或以上	13	5.70
	总计	228	100.00
所在地区	山西省	129	56.58
	安徽省	99	43.42
	总计	228	100.00

三、调查结果

(一)德育主体：重言传轻身教

在问卷"您认为对孩子道德影响较大的是哪些""您认为对孩子影响最大的人"等问题的回答中，有84.65%的父母认为"家长是对孩子影响最大的人"，这其中又有约92.11%的父母认为"家长的言传身教对孩子的道德影响最大"。另外，"在孩子面前您是否有意识地注意自己的言行举止"的问题回答中，有56.58%的家长表示"一直都很注意自己在孩子面前的言行举止"，有41.23%的家长表示"偶尔注意"，也有2.19%的家长表示"从不注意在孩子面前的言行举止"（具体见图1）。后来，在随机访谈调查中，发现大多数父母都提出了一种困惑，即尽管父母有意识地提醒自己要注意在孩子面前的言行举止，但是每当从充满压力与束缚的工作环境回到家中之后，会不自觉地自我放松，导致对于孩子更多的是进行口头说教，不能总是以身作则起到榜样作用。由此可知，事实上大多数父母清楚地意识到，作为家庭道德教育的主体，他们承担着对子女进行德育教育的重要责任，也清楚地了解自己的道德素养和行为习惯将会对子女产生直接而显著的影响，但是在日常生活中却不能总做到言行一致、言行相符。

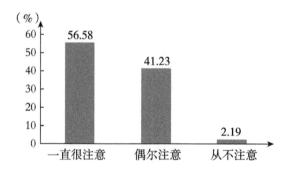

图1 "在孩子面前您是否有意识地注意自己的言行举止"的调查结果

(二)德育观念：重智育轻德育

"父母对子女学习成绩关注程度"的调查显示，有98.68%的父母对孩子的学业表现表示关注，但关注的程度有所不同，约60.96%的父母表示"非常关注子女的学习成绩"，约37.72%的父母表示"一般关注子女的学习成绩"。此外，对于"子女的成绩排名"，有50.44%的父母表示"经常对子女的成绩排名做要求"。从调查结果可以看出（具体见图2），父母普遍关注子女的学习成绩，对孩子的知识水平与智力水平的重视程度高于对其思想道德修养方面的关注。另外，通过随机访谈，了解到家长在"重智育轻德育"方面有以下三点表现：第一，不支持子女参与公益活动和体力劳动，认为这些活动会分散子女的学习精力；第二，在放学后和假期期间安排大量的辅导课程，重视子女学习成绩的提高；第三，将学习成绩与道德品行联系在一起，认为学习成绩优异的孩子自然具有良好的道德品质。虽然当前家庭德育的主流趋势是积极的，但因为"应试教育"的存在，整个社会仍是以"智育优先"为主导思想，无论是在学习还是在工作晋升的过程中，学习成绩都被视为最重要甚至唯一的选拔标准，这更容易导致广大父母在家庭教育中出现更重视子女成绩的问题。

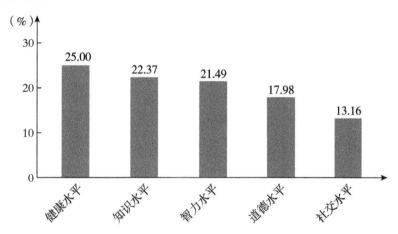

图2 "家长认为子女应具备各项水平、能力"的重要程度

（三）德育内容：重私德轻公德

调查显示，在家庭德育的具体内容方面，约85.09%的家长表示"在家中经常有意识地对子女进行思想品德教育"，这其中约43.86%的家长表示"不清楚应该具体培养孩子什么样的道德品质"，也有约49.56%的家长表示"曾经针对孩子道德教育方面的问题特意查阅并学习过相关资料"，另外还有约36.40%的家长表示"会因为在对孩子的教育方面与家人教育意见不统一而苦恼"。在访谈调查结果中值得一提的是，当询问"是否在家庭中对孩子进行如下教育：例如，主动在公交车上给老弱病残孕让座，不能随意丢弃垃圾，与人交谈时要有礼貌，不能闯红灯过马路，不能随意踩踏草地等"问题时，许多家长表示没有明确地将这些内容具体地教给孩子，也有部分家长认为这些道德准则应该是学校对孩子进行教育的内容。另外，在"您希望把孩子培养成什么样的人"的问题中，家长们最注重的是孩子的健康（占21.10%），然后是诚信（占14.62%）、礼貌（占11.74%）、

善良（占10.42%）等，排在最后的有责任（占3.61%）、自律（占2.53%）、文明（占1.40%）等。值得注意的是，这里的礼貌、善良主要体现在私人领域的行为准则中，而责任、自律和文明则主要是公共领域的行为准则。因此，可以得出结论，目前家长普遍较关注的是儿童私德方面的教育。在道德种类中，私德是个人生活中的道德观念和道德行为，公德是社会公共生活中的道德观念和道德行为[2]。从调查结果可以看出，大多数父母在家庭教育中主要对孩子进行私德教育，认为公德教育是学校的教育内容。但家长在家庭教育中能潜移默化地影响孩子，而且如果在进行私德教育时不重视向公德教育方向提升，是无法培养出合格的现代公民的。

四、原因分析

（一）家庭德育主体失范

在影响人的道德发展的各类社会因素中，父母的作用是最早产生的、最持久的、最深刻的。同时根据皮亚杰的道德发展阶段论可知，儿童在2~7岁时正处于他律道德阶段，在这个年龄阶段的儿童，其大部分活动都是在家庭中进行的，并且与父母朝夕相处。因此父母的一言一行都是子女行为习惯的根源，都对子女的成长有着极大的影响。如果家长本身有懒惰、自私、缺乏责任心、不诚信等言论或行为，那么子女必然也会自觉或不自觉地加以效仿。比如，有的家长在工作或生活中遇到不顺心的事情后，满腹牢骚，到处抱怨；有的家长会在家中大谈并表现出赞赏一些社会上的不良习气等。这些无心之举都会在无形之中将社会上的不良风气灌输给孩子。可想而知，在这种不良的家庭德育环境中成长的孩子，其价值观、人生观、世界观也很容易偏离正确轨道。因此，父母要从自己的一言一行上给孩子做表率，做到言传身教。正如苏联教育家马卡连柯在书中告诫父母所说的那样："你们生活的每时每刻甚至你们不在家的时候也在教育儿童。你们怎么穿戴，怎样同别人谈话，怎样议论别人，怎样欢乐与忧愁，怎样对待敌人和朋友，怎样笑，怎样读报——这一切都有着重要的意义。"[3]

（二）家庭德育观念缺失

随着物质生活水平逐渐提升，人们也更加重视家庭教育对子女成长的重要作用，但主要还是侧重于子女文化素养等方面的培养，特别是受"不能让孩子输在起跑线上"等观点的影响，许多父母更是从孩子早期教育开始就倾注很多心血。同时，在社会就业机制强调学历和文凭的风气与应试教育重分数、重升学率的影响下，许多父母将学习成绩作为评估子女的唯一标准，这就导致了家庭中存在着"家庭教育学校化"的问题，即家长们把辅导孩子学习当作家庭教育的首要任务，并且许多家长片面地认为，只有进入一所好的学校，孩子长大后才能找到一份好的工作，才能立足于社会。正是由于这些偏颇的家庭教育意识，导致家庭教育出现道德教育缺位的问题，也使家庭教育呈现出学习要求过高、生活关注过多、精神关注不足的趋势。

（三）家庭德育内容不清

与学校教育相比，家庭教育没有详细的教学大纲和系统的指导教材。家庭教育大致可分为两个方面：一方面，家庭对子女的智力教育，即知识和技能的教育；另一方面，家庭对子女的非智力教育，即健康教育和情感教育。在当今社会，良好的家庭生活条件为家庭教育提供了更好的物质基础。父母不惜在子女的抚养与教育上投入大量的金钱与精力，却忽略了子女的情感需求。父母应该明白家庭教育最重要的核心要素是教育孩子学会做人，养成良好的道德品质，使孩子充满责任感和正义感，诚实守信，尊守法律；应该明晰家庭教育与学校教育在内容上的差异，家庭教育主要是为孩子适应社会生活打下坚实的基础，学科知识的教育应该在学校完成，父母只能起到辅助的作用；应该了解良好的生理和心理素质对于应对当今高度竞争和快速发展的社会至关重要。因此，少年儿童应参加更多的社会实践活动，进行体育锻炼和接受必要的心理健康教育，使其在参加活动的过程中充分发挥自己的能力与特质，特别是创新和创造精神以及良好的个性和心理素质。少年儿童只有能够良好地适应社会环境，才能全面发展并成为独立的社会公民。仅仅通过提高少年儿童的智力水平，忽略道德素养的提升是不能够培养出优秀的社会公民的。

五、教育建议

本研究从德育主体、德育观念、德育内容三个方面分析了家庭德育现状，明确认识到当前家庭德育中存在的一些普遍性问题，更加明确家庭德育对于未成年人身心健康成长的重要性，以及对形成良好的社会精神文明风气的重要性，据此提出以下三个有针对性的建议。

（一）树立现代家庭德育观念，提高德育能力

家庭德育是人一生中接受品德教育的开端，为人的终身发展奠定了必要的基础，家长作为家庭德育的实施者，其自身素质的好坏决定着家庭德育的成败。因此，首先就要求父母能够随着时代的发展、孩子年龄的增长，不断更新自己的教育观念，提高自身家庭教育的能力。比如，家长可以阅读家庭教育的相关书籍，参加家庭教育专家的相关讲

座，与其他家长交流养育经验等。其次，家长应该改变重智轻德的思想观念。家长应该明白，影响孩子终身发展的一定不会是学习成绩，而是取决于道德品行、人格修养等方面。正如一句话说的那样："道德常常能填补智慧的缺陷，而智慧却永远填补不了道德的缺陷。"[4]只有当父母改变家庭道德教育观念，确立合理的家庭教育目标，从发展和长远的角度看待孩子的养育问题，注重孩子身心发展的平衡以及运用科学的教育方式，才会培养出更健康、更自信、更优秀的孩子。最后，父母的行为和道德修养也对孩子的道德成长有重要影响。家庭是孩子的第一所学校，父母是孩子的第一任老师，父母的榜样作用在家庭道德教育中对孩子有着最直接和最深刻的影响。因此，父母应以自身的言行举止为孩子树立榜样，以正确的语言和行为感染孩子，并通过这种榜样的力量唤起孩子的思想共鸣。正所谓，"正确的理论观念是指导实践的关键力量"，那么正确的家庭道德教育观念正是父母进行家庭道德教育实践的巨大的理论支撑与强大的指导力量。

（二）学习优秀的传统家风文化，加强家风建设

在当今的多元文化社会中，人们更加注重提高家庭的物质生活水平，对家庭精神层面的关注相对较少。因此，家风建设已在不同程度上被忽视，也使得一些人逐渐缺失了为人处世的基本道德操守，社会道德失范问题增多。针对这一现象，习近平总书记就呼吁全国人民要重视家风建设，在不同场合的讲话中都明确指出："家风是社会风气的重要组成部分，家庭不只是人们身体的住处，更是人们心灵的归宿。"[5]"家风好，就能家道兴盛、和顺美满；家风差，难免殃及子孙、贻害社会。"[6]家风是经过家庭和家族成员长期积累和历史沉淀形成的，是一种无形的文化资产[7]。家风建设不仅是千万家庭的小事，更是一个国家与社会的大事。对于个人而言，只有生活在和谐温馨的家庭中，才能过上幸福而美好的生活；对于社会而言，只有每个家庭都健康和谐，社会整体才能健康发展。

因此，新时期我国家庭道德教育的发展离不开良好家风的建设。首先，家风是一种无声的教育，它能够全面地影响着孩子在家庭中的身心发展，并且其道德修养、行为习惯都会打上家风的烙印。例如，长辈在教孩子何为善与恶、美与丑的日常言行中，自身的判断自然而然地影响着未成年人的道德发展。其次，家庭成员之间有一种自然的血缘关系，道德情感陶冶的效果也会更加显著。另外，为了加强家风建设还必须与时俱进，在新时期更要辩证地看待传统的家风文化，取其精华，去其精粕，与时代背景相结合，顺应社会的发展，将家风建设落实到实处，让良好的家风成为新时期建设社会主义精神文明的重要力量，促进我国家庭道德教育的持续发展。

（三）为家庭德育提供社会支持，优化德育环境

　　环境是人类赖以生存和发展的必要因素，家庭是个体最初的生存环境。通常，一个人在社会和公共领域的行为往往真实地反映了他在家庭中的表现，因为家庭教育是在没有公共监督、没有他律的情况下开展的，如果在此环境中能够形成良好的个性和道德修养，之后无论在什么样的环境与条件下都能够保持着极强的稳定性。因此，要进行良好的家庭道德教育，首先，必须营造适宜的家庭道德教育环境。在家庭中父母坚持言传和身教相结合，时刻注意自己的言行举止，努力营造和谐温馨的家庭教育氛围，在健康的家庭环境中传递正确的道德价值观给孩子，培育孩子作为社会公民的责任感，帮助他们形成美好的心灵，促进他们的健康成长。其次，还需要全社会共同努力，营造积极的德育环境。当今社会是一个文化多元的社会，各种文化信息相互碰撞。大众传播媒介作为新时期文化信息传播的主要手段，具有覆盖面广、传播速度快、生动直观等特点，所以其传播的内容很容易影响大众的思想观念和行为，其传播内容是否健康直接影响家庭道德教育的发展。因此，必须加强大众传媒的正确舆论导向，利用大众传媒的优势来优化家庭德育的社会环境。最后，在优化道德教育环境的过程中，家庭、学校和社会这三方必须形成合力。因为三者都各有优势与侧重点，所以应共同营造良好德育环境，为促进未成年人思想道德建设发挥力量。

参考文献

[1] 蔡岳建. 家庭教育引论[M]. 合肥: 安徽教育出版社, 2010: 112.

[2] 剧晓晨. 德育在家庭教育中的缺失及对策研究[D]. 石家庄: 河北经贸大学, 2014.

[3] 马卡连柯. 父母必读[M]. 诸惠芳, 朱卫东, 译. 北京: 人民教育出版社, 2019: 31.

[4] 辛西亚·汤白斯. 成功学习百分百: 天才的学习模式引领孩子成长[M]. 徐绍知, 肖小军, 陈敏哲, 译. 北京: 新华出版社, 2001: 172.

[5] 袁勃, 曹昆. 动员社会各界广泛参与家庭文明建设 推动形成社会主义家庭文明新风尚[N]. 人民日报, 2016-12-13(1).

[6] 习近平. 在2015年春节团拜会上的讲话[N]. 光明日报, 2015-02-18(2).

[7] 戴进. 中国古代家风家训及其现代价值[D]. 南宁: 广西民族大学, 2017.

小学生家长家庭教育指导需求现状研究
——基于山西临汾2483名家长的实证调查[①]

魏　衍[②]

摘要： 本研究主要运用问卷调查法对山西省临汾市2483名学生家长家庭教育指导需求进行调查研究，从家庭教育指导需求度、指导内容需求和指导方式需求三个方面开展调查，得出小学生家长对于家庭教育指导需求的结论：家庭教育指导需求整体比较强烈；指导内容需求普遍强烈，但各维度内容需求存在差异性；指导方式需求呈现多样化，但各维度方式需求具有一致性。在目前需求基础上提出改进建议：构建家庭教育指导支持网络，强化家长参与家庭教育指导的责任意识，尊重家长家庭教育指导需求的差异性与多样性，为家长提供符合需求且有针对性的指导。

关键词： 小学生家长　家庭教育　家庭教育指导　需求

一、问题提出

家庭教育是孩子接受教育的起点，父母对于孩子的成长、成才发挥着关键作用。费孝通先生在其《生育制度》一书中指出："婴孩要有机会长大成人，不但要得到适当的营养，还要得到适当的教育。这件重要的工作一定要有人负责。我们若观察任何地方孩子的生活，总能见到他周围有不少人向他负责的，并且这些人各有各的责任，不紊乱，也不逾越。在这些人中，最重要的人物是孩子的父母。"[1]可见父母在孩子成长过程中的重要地位。近年来，家庭教育不仅越来越受到广大家长的重视，而且也逐渐成为教育学、心理学和社会学等领域专家、学者研究的热点问题，更是得到了国家的重点关注。2015年，习近平总书记在春节团拜会上做了注重家庭、注重家教和注重家风的重要讲话，足见

---

① 本文由2019年山西省研究生优秀创新计划项目资助，是"山西省小学生家长家庭教育指导需求现状研究"（项目编号：2019SY347）的成果。
② 山西师范大学教育学专业2017级硕士研究生。

国家对于家庭教育的重视。但由于家长在教育学、心理学、家庭教育等方面知识、技能的缺乏，在教育孩子的过程中常常显得束手无策且普遍处于一种焦虑的状态。因此，为了能更加系统、科学、有效地教育自己的孩子，家长产生了强烈的家庭教育指导需求，积极参与家庭教育指导的相关活动。本研究以小学生家长为主要研究对象，深入调查研究小学生家长家庭教育指导需求的现状，主要包括家庭教育指导需求度、家庭教育指导内容需求和家庭教育指导方式需求三个方面。基于家长家庭教育指导需求结论，提出有针对性的改进建议，促进孩子全面健康成长与成才。

二、研究设计

(一)研究目标

本研究旨在调查小学生家长家庭教育指导需求的基本现状，分析小学生家长家庭教育指导需求的情况，其中包括家庭教育指导需求度、家庭教育指导内容需求与家庭教育指导方式需求三个方面，得出小学生家长家庭教育指导需求的研究结论，进而依据研究结论，提出有针对性的建议。

(二)研究方法及工具

本研究主要采用问卷调查法对小学生家长家庭教育指导需求进行调查，所采用的研究工具是在整理相关文献和前期试测基础上所形成的自编问卷《小学生家长家庭教育指导需求调查问卷》。问卷主要分为四个部分：家庭基本信息、家庭教育指导需求度、家庭教育指导内容需求和家庭教育指导方式需求。家庭基本信息、家庭教育指导方式需求所收集的是质性材料。家庭教育指导方式需求主要包括指导机构需求、指导师资需求、指导形式需求、指导频率需求、指导时间需求与指导时长需求。家庭教育指导需求度与家庭教育指导内容需求采用的是李克特五级量表，所收集的是量化数据。家庭教育指导需求度与指导内容需求量表等级分为"非常不需要""比较不需要""一般""比较需要""非常需要"，相应记分为1分、2分、3分、4分、5分，分值越高代表需求程度越大。家庭教育指导内容需求量表分为教养知能需求、沟通与社交需求、心理调适需求、家庭管理需求四个维度，其信度分别为0.942、0.939、0.879、0.927，总体信度为0.971，表明量表的信度极其良好。经过研究者导师和学院相关教师论证和试测后证明此问卷具有较高效度，才正式进入调查阶段。

调查问卷回收以后，采用软件SPSS 22.0进行数据统计与分析。

（三）样本描述

基于研究对象的便利,本研究选取位于临汾地区的四所小学作为主要研究基地,四所小学分别属于山西省直属小学、临汾市区小学、县城小学、乡镇或农村小学,具有一定的代表性与典型性。研究样本主要是小学一年级至六年级的学生家长。本次调查研究共发放问卷2483份,回收有效问卷2350份,有效回收率为94.6%。从研究样本各项属性的分布情况来看,本调查研究所收集的数据具有较好的代表性、普遍性与典型性。

三、研究结果

本研究对于小学生家长家庭教育指导需求现状的调查,主要从家庭教育指导需求度、家庭教育指导内容需求和家庭教育指导方式需求三个方面展开。因此,对小学生家长家庭教育指导需求的情况,结合上述三个方面的调查结果进行描述与分析。

（一）小学生家长家庭教育指导需求度

在本研究的问卷中,小学生家长对于家庭教育指导的需求度,按需求程度划分为非常不需要、比较不需要、一般、比较需要和非常需要这五级程度,数据统计分别对应1分、2分、3分、4分和5分。所得分数越高,表示需求程度越高。

由表1可知,小学生家长家庭教育需求度得分在3分以下有113人,所占比例为4.8%;需求度得分在3分及以上有2237人,所占比例为95.2%;需求度得分在4分及以上有1388人,所占比例为59.1%。表明绝大多数小学生家长对家庭教育指导有需求,超过一半家长的家庭教育指导需求度比较高。

表1 小学生家长家庭教育指导需求度情况表

维度	程度	得分（分）	频率	百分比（%）
家庭教育指导需求度	非常不需要	1	47	2.0
	比较不需要	2	66	2.8
	一般	3	849	36.1
	比较需要	4	634	27.0
	非常需要	5	754	32.1
总计			2350	100.0

（二）小学生家长家庭教育指导内容需求

小学生家长家庭教育指导内容需求包括教养知能需求、沟通与社交需求、心理调适需求、家庭管理需求四个维度。四个维度共计23题，采用李克特五级量表，按需求程度分为非常不需要、比较不需要、一般、比较需要、非常需要（记分规则同上）。

1.指导内容需求总体情况

由表2可知，小学生家长家庭教育指导内容需求的平均值为4.00分，表明家长对于家庭教育指导内容需求比较强烈。在家庭教育指导内容的各维度需求中，教养知能需求的平均值4.12分，沟通与社交需求的平均值为4.06分，心理调适需求的平均值为3.98分，家庭管理需求的平均值为3.81分。表明家长对教养知能需求最强烈，对沟通与社交需求和心理调适需求次之，对家庭管理需求最低。

表2　小学生家长家庭教育指导内容需求情况表

维度	频率	极大值（分）	极小值（分）	平均值（分）	标准差
教养知能需求	2350	5	1	4.12	0.781
沟通与社交需求	2350	5	1	4.06	0.857
心理调适需求	2350	5	1	3.98	0.932
家庭管理需求	2350	5	1	3.81	0.946
家庭教育指导内容需求	2350	5	1	4.00	0.786

2.指导内容需求各维度情况

（1）教养知能需求

教养知能需求总计12道题，主要依据《家庭教育学》中关于小学阶段儿童所应接受的家庭教育内容与《全国家庭教育指导大纲（修订）》中关于7~12岁儿童家长所应接受的家庭教育指导内容所编写的。

由表3可知，关于教养知能需求的12个项目中，各项目的平均值相差的范围很小，分值集中在3.82~4.31分。其中，小学生自我保护知识与生命自救技能需求的平均值最高，为4.31分；其次是小学生良好学习习惯和学习兴趣需求，平均值为4.28分；而小学生家庭媒介素养需求的平均值较低，为3.97分；幼小衔接或小升初过渡的知识需求最低，为

3.82分。因此，在家庭教育指导内容需求中，小学生家长对于教养知能各项目内容的需求都比较强烈，而且对培养小学生自我保护知识与生命自救技能、良好学习习惯和学习兴趣的需求非常强烈，对家庭媒介素养的需求相对较弱。其中，对于家庭媒介素养需求比较低，可能与家长对家庭媒介素养不熟悉有关。小学生家长对于幼小衔接或小升初过渡相关知识的需求得分最低，原因可能在于与幼小衔接和小升初密切相关的是一年级和六年级家长，而其他年级的家长对这方面的需求较弱，所以得分很低。

表3　小学生家长教养知能需求情况表

项目	频率	极大值（分）	极小值（分）	平均值（分）	标准差
营养与健康需求	2350	5	1	4.00	1.004
身心发展规律及情绪情感发展知识需求	2350	5	1	4.12	0.934
生理卫生与青春期前性教育知识需求	2350	5	1	4.15	0.932
自我保护知识与生命自救技能需求	2350	5	1	4.31	0.889
社会性及家庭道德发展需求	2350	5	1	4.13	0.924
基本生活自理能力与人际交往能力需求	2350	5	1	4.19	0.919
劳动观念和适度花费习惯需求	2350	5	1	4.02	0.982
感恩父母、诚实为人、诚信做事需求	2350	5	1	4.22	0.945
良好学习习惯和学习兴趣需求	2350	5	1	4.28	0.890
有效学习及智力开发需求	2350	5	1	4.25	0.898
幼小衔接或小升初过渡的知识需求	2350	5	1	3.82	1.040
家庭媒介素养需求	2350	5	1	3.97	0.991

（2）沟通与社交需求

沟通与社交需求总计4题，这个维度包括亲子互动沟通方式需求、获得家人帮助和支持的沟通技巧需求、与教师及学校管理者之间沟通技巧需求、与同龄孩子家长共同交流和学习需求四个项目。

由表4可知，关于沟通与社交需求的四个项目中，各项目的平均值集中于4.04~4.10分，各项平均得分均大于4分，表明小学生家长对沟通与社交的各项目需求都比较强烈。其中，与教师及学校管理者之间沟通技巧需求的平均值最高，为4.10分；其次是亲子互动沟通方式需求的平均值，为4.08分；与同龄孩子家长共同交流和学习的需求与获得家人帮助和支持的沟通技巧需求平均值最低，均为4.04分。表明小学生家长倾向于接受与小学生直接相关的家庭教育指导内容，而对于与小学生成长和发展不是直接相关的指导内容需求相对较弱。

表4 小学生家长沟通与社交需求情况表

项目	频率	极大值（分）	极小值（分）	平均值（分）	标准差
亲子互动沟通方式需求	2350	5	1	4.08	0.943
获得家人帮助和支持的沟通技巧需求	2350	5	1	4.04	0.953
与教师及学校管理者之间沟通技巧需求	2350	5	1	4.10	0.920
与同龄孩子家长共同交流和学习需求	2350	5	1	4.04	0.904

（3）心理调适需求

心理调适需求总计2题，主要包括自我情绪管理与压力缓解方式需求、自身角色与职责定位需求两个项目。

由表5可知，关于心理调适需求的两个项目中，项目最高平均值为4.04分，项目为自我情绪管理与压力缓解方式需求；项目最低平均值为3.92分，项目为自我角色与职责定位需求。这表明在小学生家长家庭教育指导内容需求中，心理调适的需求较为强烈，家长注重自我情绪情感的管理和自我压力释放的指导，希望以良好的情绪情感状态积极为小学生提供抚养与教育。

表5 小学生家长心理调适需求情况表

项目	频率	极大值（分）	极小值（分）	平均值（分）	标准差
自我情绪管理与压力缓解方式需求	2350	5	1	4.04	0.968
自身角色与职责定位需求	2350	5	1	3.92	0.993

（4）家庭管理需求

家庭管理需求总计5题，主要包括家庭危机处理方法需求、正确的婚姻观念需求、家庭休闲活动规划需求、家庭时间管理需求、建立家庭与社区人际关系网络需求五个项目。

调查研究结果（见表6）显示，关于家庭管理需求的五个项目中，各项目平均值集中于3.27~3.90分，得分均未超过4分，各项目的得分差距较小，小学生家长家庭管理处于中等程度的需求。其中，各项目需求平均值从高到低依次为家庭危机处理方法需求、建立家庭与社区人际关系网络需求、家庭时间管理需求、家庭休闲活动规划需求和正确的婚姻观念需求，平均值依次为3.90分、3.87分、3.83分、3.74分、3.27分。可见小学生家长对家庭危机处理方法、建立家庭与社区人际关系网络和家庭时间管理的需求相对比较强烈，在家庭教育指导内容中的家庭管理部分要着重对于这三个方面进行指导。

表6　小学生家长家庭管理需求情况表

项目	频率	极大值（分）	极小值（分）	平均值（分）	标准差
家庭危机处理方法需求	2350	5	1	3.90	1.060
正确的婚姻观念需求	2350	5	1	3.27	1.144
家庭休闲活动规划需求	2350	5	1	3.74	1.050
家庭时间管理需求	2350	5	1	3.83	1.032
建立家庭与社区人际关系网络需求	2350	5	1	3.87	1.008

（三）小学生家长家庭教育指导方式需求

小学生家长家庭教育指导方式需求包括指导机构、指导师资、指导形式、指导频率、指导时间和指导时长六个维度的需求。其中，指导机构需求、指导师资需求和指导形式需求为多选题，指导频率需求、指导时间需求和指导时长需求为单选题。

1.指导机构需求

如表7所示，小学生家长对于家庭教育指导机构的需求，首选自己孩子所在的小学，个案百分比为84.6%，这表明大多数的家长希望自己孩子所在小学可以承担家庭教育指导的重任，为家长提供家庭教育指导服务。小学生家长对专业指导机构的需求仅次于孩子所在的小学，个案百分比为44.0%。除其他的指导机构这一选项之外，家长对于妇联、关工委的需求最小，个案百分比仅为2.3%。这表明小学生家长更加倾向于由自己孩子所在小学和专业的指导机构开展家庭教育指导服务。

表7　小学生家长家庭教育指导机构需求情况表

维度	选项	频率	百分比（%）	个案百分比（%）
指导机构	孩子所在的小学	1994	52.9	84.9
	自己生活的社区	462	12.3	19.7
	妇联、关工委	55	1.5	2.3
	高校	194	5.1	8.3
	专业指导机构	1033	27.4	44.0
	其他	32	0.8	1.4
总计		3770	100.0	160.6

2.指导师资需求

在家庭教育指导师资需求方面，小学生家长选择的结果显示（见表8），家长对于孩子所在班级的班主任和任课教师、家庭教育专家的选择频率比较高，个案百分比分别为66.5%、52.4%，均超过50%，表明超过一半的家长愿意选择孩子所在班级的班主任和任课教师、家庭教育专家担任家庭教育指导的教师。选择专职的家庭教育指导师的个案百分比为41.9%，说明家长对其有一定的需求。而对于有经验的家长、高校志愿者和自己的亲朋好友等选择频率较低，个案百分比分别为28.8%、20.7%、7.4%。由此可知，家长对于家庭教育指导师资的需求标准为指导教师需具有较强的专业性和丰富的实践经验。具体来说，就是家庭教育指导教师需具有较强的家庭教育专业知识、专业能力和专业情意，教育实践经验丰富且长期处于教育实践工作中。

表8　小学生家长家庭教育指导师资需求情况表

维度	选项	频率	百分比（%）	个案百分比（%）
指导师资	家庭教育专家	1231	24.0	52.4
	孩子所在班级的班主任和任课教师	1562	30.4	66.5
	自己的亲朋好友	173	3.4	7.4
	有经验的家长	677	13.2	28.8
	高校志愿者（小学教育、家庭教育专业研究生）	486	9.5	20.7
	专职的家庭教育指导师	985	19.2	41.9
	其他	23	0.3	1.0
总计		5137	100.0	218.7

3.指导形式需求

在家庭教育指导形式需求方面，主要分为集中指导、个别指导和文字影音资料指导三个维度。如表9所示，对于集中指导形式的需求，家长倾向于选择家庭教育座谈会与经验交流会、亲子活动、家庭教育讲座与演讲等形式，对其需求较高，个案百分比分别为49.1%、48.5%、46.0%。即接近半数的家长选择家庭教育座谈会与经验交流会、亲子活动、家庭教育讲座与演讲等集中指导形式。而对家庭教育专题研讨会、系统的家庭教育培训课程、家长会和网络平台的集中指导活动等形式的需求相对较低。对于个别指导形式的需求，有58.8%的家长选择一对一现场家庭教育指导形式，表明家长普遍愿意接受一对一的现场指导，这样更加具有指导的针对性与实用性。家长对家庭访问（家访）和QQ、微信等网络聊天工具交流的指导形式的需求也较高，所占个案百分比分别为41.9%、36.0%；而对网络平台、电子邮件和电话等个别指导形式的需求较低。对于文字影音资料指导形式，家长选择最多的指导形式为家庭教育书籍，个案百分比为65.9%，其次为家庭教育电影电视，所占个案百分比为50.3%。表明超过半数的家长倾向于通过家庭教育书籍和家庭教育电影电视等形式接受家庭教育指导，以获取家庭教育方面的知识与技能。而对家庭教育报刊、家庭自拍小视频、墙报与宣传公告、网络平台提供的文字影音资料等指导形式的需求相对较低。

表9　小学生家长家庭教育指导形式需求情况表

维度	选项	频率	百分比（%）	个案百分比（%）
集中指导形式	家庭教育讲座、演讲	1081	18.4	46.0
	家庭教育座谈会、经验交流会	1154	19.7	49.1
	家庭教育专题研讨会	608	10.4	25.9
	系统的家庭教育培训课程	761	13.0	32.4
	家长会	798	13.6	34.0
	亲子活动	1140	19.4	48.5
	网络平台的集中指导活动	300	5.1	12.8
	其他	20	0.4	0.9
总计		5862	100.0	249.6
个别指导形式	家庭访问（家访）	984	22.5	41.9
	一对一现场家庭教育咨询、指导	1382	31.6	58.8
	网络平台的个别指导活动	530	12.1	22.6
	电话交流	493	11.3	21.0
	电子邮件沟通	112	2.6	4.8
	QQ、微信等网络聊天工具交流	845	19.3	36.0
	其他	28	0.6	1.2
总计		4374	100.0	186.3
文字影音资料指导	家庭教育书籍	1549	28.4	65.9
	家庭教育报刊	768	14.1	32.7
	家庭自拍小视频	679	12.4	28.9
	家庭教育电影电视	1182	21.7	50.3

维度	选项	频率	百分比（%）	个案百分比（%）
文字影音资料指导	家庭教育墙报、宣传公告	575	10.5	24.5
	网络平台提供的文字影音资料	689	12.6	29.3
	其他	17	0.3	0.7
总计		5459	100.0	232.3

4.指导频率需求

在家庭教育指导频率需求方面,调查研究结果显示(见表10),有43.7%的家长选择一个月一次的指导频率,多数家长认为一个月一次的家庭教育指导频率最符合他们的需求。其远高于一周一次、两周一次、两个月一次、三个月一次、半年一次和一年一次的指导频率。其中一年一次的指导频率需求最低,仅为1.1%。因此,小学生家长对家庭教育指导频率的需求集中在一个月一次,按照此频率进行有利于家长对家庭教育指导活动产生较高的支持、期待与参与度,进而推动家庭教育指导活动的顺利进行。

表10　小学生家长家庭教育指导频率需求情况表

维度	选项	频率	百分比（%）
指导频率	一周一次	460	19.6
	两周一次	438	18.6
	一个月一次	1028	43.7
	两个月一次	118	5.0
	三个月一次	129	5.5
	半年一次	151	6.5
	一年一次	26	1.1
总计		2350	100.0

5.指导时间需求

在家庭教育指导时间需求方面，家长根据自己的闲暇时间，可以选择工作日白天、工作日晚上、非工作日白天和非工作日晚上来参与家庭教育指导。如表11所示，家长普遍选择非工作日白天参与家庭教育指导活动，所占百分比为47.2%，即接近半数的家长选择非工作日白天的时间段。对于工作日白天、工作日晚上和非工作日晚上等时间段，家长的选择频率普遍偏低。主要原因是大多数家长在工作日白天需要工作而无法参与家庭教育指导，工作日晚上则是自己工作后的休闲与放松时间，而在非工作日白天家长有充足的时间参与家庭教育指导，所以对非工作日晚上的需求较低。

表11 小学生家长家庭教育指导时间需求情况表

维度	选项	频率	百分比（%）
指导时间	工作日（周一至周五）白天	395	16.8
	工作日（周一至周五）晚上	274	11.7
	非工作日（周六、周日）白天	1110	47.2
	非工作日（周六、周日）晚上	571	24.3
总计		2350	100.0

6.指导时长需求

在家庭教育指导时长需求方面，调查研究结果显示（见表12），有48.4%的家长家庭教育指导时长需求为1~2小时，即接近半数的家长希望每次家庭教育指导活动的时长在1~2小时。家长对于1小时以内的指导时长需求仅次于1~2小时，所占百分比为46.4%。表明有94.8%的家长倾向于2小时以内的家庭教育指导时长。而大家对于2~3小时和3小时以上的指导时长需求较低，所占百分比分别为4.1%和1.1%。因此，小学生家长的家庭教育指导时长需求集中于2小时以内，1~2小时指导时长最符合家长的需求。

表12 小学生家长家庭教育指导时长需求情况表

维度	选项	频率	百分比（%）
指导时长	1小时以内	1091	46.4

维度	选项	频率	百分比（%）
指导时长	1～2小时	1137	48.4
	2～3小时	97	4.1
	3小时以上	25	1.1
总计		2350	100.0

四、结论与建议

（一）结论

随着人们对家庭教育重视程度不断深化，家庭教育指导的需求也越发强烈。当前我国家庭教育指导的理论研究与实践探索尚属起步阶段，专家学者对家庭教育指导研究的推进与成果的产出发表，一定意义上为家庭教育指导实践提供了理论支撑。本研究采用自编调查问卷对山西省临汾地区小学生家长家庭教育指导需求进行了系统调查，结论如下。

1.小学生家长对家庭教育指导的需求整体比较强烈

在参与调查的小学生家长中，大家对家庭教育指导普遍有需求，且超过半数家长的家庭教育指导需求度较高，即小学生家长对家庭教育指导需求整体比较强烈。当前，家长非常重视对小学生的家庭教育，但因家长自身的家庭教育素养普遍偏低，缺乏教育学、心理学、家庭教育等方面的相关知识与技能，在抚养与教育小学生的过程中困惑重重。因此，为给小学生提供系统、科学、有效的家庭教育，家长积极寻求家庭教育指导，家庭教育指导需求度不断提高。

2.小学生家长对家庭教育指导内容需求普遍强烈，但各维度内容需求存在差异性

从问卷调查的情况来看，小学生家长对家庭教育指导内容存在比较强烈的需求，但在各维度内容需求上存在差异性。其中，需求程度由高到低依次为教养知能需求、沟通与社交需求、心理调适需求、家庭管理需求。家长参与家庭教育指导活动，主要目的是能够科学、系统、有效地养育自己的子女，而教养知能是家长养育子女的直接行动指南，因而家长对教养知能的需求最为强烈。家长对教养知能的需求最为强烈，且集中关注小学生自我保护知识与生命自救技能、良好学习习惯和学习兴趣培养等方面。沟通与社交

需求和心理调适需求比较强烈，在沟通与社交需求方面，家长最为关注与教师及学校管理者之间沟通技巧和亲子互动沟通方式的学习；而在心理调适需求方面，家长最为关注自我情绪管理与压力缓解方式的学习。家庭管理方面的需求最低且处于中等程度的需求，家长比较关注家庭危机处理方法、建立家庭与社区人际关系网络和家庭时间管理等方面知识与技能的学习。

3.小学生家长对家庭教育指导方式需求呈现多样化，但各维度方式需求具有一致性

小学生家长对家庭教育指导方式的需求丰富而多样，但在丰富多样的指导方式需求中也体现出了一致性。在指导机构需求方面，小学生家长普遍选择自己孩子所在小学和专业指导机构所提供的家庭教育指导服务。在指导师资需求方面，家长主要选择班主任和任课教师、家庭教育专家、专职的家庭教育指导师，他们的共性特点是教育理论知识与实践经验丰富。在指导形式需求方面，在集中指导方式中，家长普遍选择家庭教育座谈会与经验交流会、亲子活动、家庭教育讲座与演讲等；在个别指导方式中，家长倾向于一对一现场指导、家庭访问和QQ、微信等网络聊天工具的指导形式；在文字影音资料指导方式中，家长更愿意接受家庭教育书籍和家庭教育电影电视的指导形式。在指导频率需求方面，选择一个月一次活动频率的家长要远高于其他频率，这样的活动频率有利于家庭教育指导活动顺利进行且不会使家长产生疲倦或厌烦的情绪。在指导时间需求方面，绝大部分家长倾向于非工作日白天参与家庭教育指导活动。在指导时长需求方面，接近半数家长可接受的家庭教育指导时长为1~2小时和1小时以内。因此，2小时以内的家庭教育指导时长符合绝大多数家长的需求。

（二）建议

家庭教育指导对提升家长家庭教育素养，进而促进小学生全面健康成长、成才有重要作用。基于小学生家长家庭教育指导需求的调查研究，切实了解家长家庭教育指导需求度、指导内容需求与指导方式需求的现实情况，依据相关研究结论提出如下有针对性与实效性的建议。

1.构建家庭教育指导支持网络，积极健全家庭教育指导体系

构建"政府—学校—社区—专业机构"一体化的家庭教育指导支持网络，不断完善家庭教育指导体系。

政府积极发挥对家庭教育指导的主导作用，努力推进多维度建设，对现阶段相关机制进行阶段性改革[2]。在法律和制度方面，积极推进家庭教育指导立法的进程，不断完善家庭教育指导相关的规章制度，为家庭教育指导提供法律与制度保障。在经费方面，切实为家庭教育指导的发展提供资金保障，积极将家庭教育指导经费纳入政府财政，也可以通过购买家庭教育指导服务活动的方式，实现家庭教育指导的精准服务与有效服务[3]。在监管方面，发挥政府在家庭教育指导服务活动开展与推进过程中的监管作用，促进家庭教育指导服务活动的规范化与良性运行。

学校是家庭教育指导的主力军，要主动担负起家庭教育指导的重任。学校应树立家校合育的意识，建立多元化的家校合作机制[4]。学校要更新家庭教育理念，加强指导教师的培训，建立专业化的家庭教育指导师资团队，着力提升综合指导的能力。着眼于小学生的全面健康成长与成才，积极办好家长学校和家长委员会，丰富家庭教育指导内容与指导方式。通过集中指导、个别指导和文字影音资料指导相结合的形式，与时俱进地更新家庭教育指导内容，依据家长需求设计合理的家庭教育指导方案，引导家长积极参与家庭教育指导活动，帮助家长全面提升自身家庭教育素养，全方位关注孩子成长与成才。

社区积极承担家庭教育指导的职责。家庭是社区的基本组成单元，小学生是社区的重要群体，家庭、家长及小学生的发展是社区发展中不可忽视的重要议题[5]。社区对于小学生家长家庭教育指导有其得天独厚的便利性，有利于家庭教育的宣传和家庭教育指导服务活动的开展。在社区设立专业的家庭教育指导部门，专门针对本社区内的小学生家长进行一对一的个别指导，也可以通过专家讲座、座谈会等形式开展集中指导，以此为小学生家长提供长期的追踪指导服务，动态掌握家长的家庭教育历程，保证指导的持续性和实效性。

专业机构是当前家庭教育指导服务的重要力量，可以为小学生家长提供符合需求、专业化、个性化且有针对性的指导方案与指导服务。专业机构要密切关注和系统研究小学生家长家庭教育指导需求，并重点研究小学生家长家庭教育指导需求的个体差异，根据小学生家长具体的需求有的放矢地提供有针对性和个性化的家庭教育指导服务。

2.强化家长参与家庭教育指导的责任意识，努力提高自身家庭教育素养

家庭教育指导的长足发展除了需要政府、学校、社区和专业机构等外部力量组成的共同体积极努力之外，也离不开每个普通家庭中家长自身的不懈努力。并非具有家长的身份就会是一位合格的家长，家长要在小学生成长的过程中不断明确自身的职责，并且努力为小学生提供系统、科学、有效的家庭教育。这就需要家长强化参与家庭教育指导的责任意识，明晰家庭教育指导所能提供的帮助，以此提高对家庭教育指导的正确认知以及参与的积极性，努力提高自身的家庭教育素养。因而，在数字化与信息化的时代，依托"政府—社区—学校—专业机构"形成家庭教育指导共同体的同时，家长要树立终身学习的理念，深刻认识为人父母的责任与义务，增强参与家庭教育指导的责任意识、积极性与主动性，与时俱进地提升家庭教育素养，促进小学生的全面健康成长与成才。

3.尊重家长家庭教育指导需求的差异性与多样性，着力提升指导的针对性与实效性

以小学生家长家庭教育指导需求为依据，提高家长对家庭教育的重视程度和家庭教育指导的需求程度，充分了解家长指导内容需求的差异性与指导方式的多样性，提供以家长需求为导向的家庭教育指导方案，着力提升指导的针对性与实效性。

虽然小学生家长在家庭教育指导内容方面表现出比较强烈的需求，但是对不同维度内容的需求存在差异。调查显示，在指导内容中，家长对于教养知能需求最为强烈，沟通与社交需求和心理调适需求次之，而家庭管理需求最低。因此，在面向小学生家长开展家庭教育指导服务活动时，指导机构和指导教师要切实立足于小学生家长家庭教育指导内容需求的差异情况，重点提供教养知能方面的家庭教育指导服务，使家长学习并掌握抚养与教育小学生的直接知识与技能，提升指导内容的实效性。此外，要注重家庭教育指导内容的全面性与家长家庭教育素养的综合提升，适度进行沟通与社交、心理调适、家庭管理等相关知识与技能的指导与渗透。

注重家庭教育指导方式的灵活性与多样性，推动家庭教育指导服务活动的合理化与人性化。在指导机构方面，学校和专业指导机构着重承担家庭教育指导的任务，同时社区要积极推动和宣传开展家庭教育指导服务活动。在指导师资与形式方面，着力打造由拥有丰富理论知识与实践经验的家庭教育专家、学校班主任和任课教师、专职家庭教育指导师组成的指导师资团队；充分利用集中指导、个别指导和文字影音资料指导等多样化的形式开展家庭教育指导服务活动，为家长提供多样化的指导师资和指导形式选择。另外，家庭教育指导服务活动不宜太过频繁，一个月开展一次家庭教育指导服务活动，通常在非工作日白天开展，每次时长不超过2小时，符合绝大多数家长对于家庭教育指导服务活动的需求。

参考文献

[1] 费孝通. 生育制度[M]. 北京：商务印书馆，1999：61.
[2] 黄娅. 家庭教育指导服务体系的立体化构建[J]. 教育理论与实践，2018（14）：18-21.
[3] 辛斐斐，范跃进. 政府购买家庭教育指导服务：价值、难题与路径选择[J]. 中国教育学刊，2017（11）：18-23.
[4] 钱洁，陈汉民. 家庭教育指导：急需个性化和科学化[J]. 教育科学研究，2018（5）：18-20.
[5] 李晓巍，刘倩倩，王梦柯. 幼儿家庭教育的社区支持指标体系：构建与应用[J]. 教育学报，2019（2）：66-76.

父母责任的代际传承：家庭教育百年回眸——基于50个中国家庭的教育叙事研究[①]

贾萌萌[②] 　任　艺[③] 　沈可心[④] 　王广洲[⑤] 　王　东[⑥] 　康丽颖[⑦]

摘要：本研究在全国14个省市展开，选取了50个家庭，共计128人进行了深度访谈，涉及五代人的生活历程和成长体验，获取了近60万字中国一百多年家庭生活的教育叙事资料。在此基础上，运用质性研究Nvivo 11分析软件，从责任伦理的视角对家庭中父母责任的代际传承进行了深入探讨。研究发现：父母是家庭教育中永恒的责任主体。从上个世纪初到当代，在五代人一百多年的家庭教育传承中，虽然在家庭生活中父母的责任会因社会变迁而有所变动，但是无论时代如何变化，家庭中父母的责任有四个方面被保留和积淀了下来，即家庭教育主体责任的延续、家国情怀的传承、崇知重德观念的循守、文化习俗的沿袭，分别展示了我国一百多年来家庭教育的责任主体和责任内容的文化传承。

关键词：代际传承　父母责任　家庭教育

　　家庭教育是人生教育的基础和起点，是家庭生活不可或缺的一部分。父母作为家庭教育的主要实施者，其承担责任的情况对子女未来的发展至关重要。

　　多年来我国学者在家庭生活史方面已有了一定的研究成果。在家庭形态方面，王玉波考察了从氏族社会开始的中国家庭形态演变，得出了不同时期家庭形态的特征[1]。在家庭生计与家庭关系方面，王跃生在考察20世纪30—90年代的冀南农村

---

　　① 本文刊发于《教育学术月刊》2018年第7期。
　　② 首都师范大学教育学专业2015级本科生，现为北京师范大学教育学原理专业2019级硕士研究生。
　　③ 首都师范大学教育学专业2015级本科生，现为北京师范大学教师教育专业2019级硕士研究生。
　　④ 首都师范大学教育学专业2015级本科生，现为北京师范大学高等教育学专业2019级硕士研究生。
　　⑤ 首都师范大学教育学专业2015级本科生。
　　⑥ 首都师范大学教育学院副教授，首都师范大学家庭教育研究中心副主任。
　　⑦ 首都师范大学学前教育学院院长、教授、博士生导师，首都师范大学家庭教育研究中心主任。

后指出，中国农村生产方式的变动使不同时期农民的婚育和家庭环境呈现出不同的特征[2]。周晓虹也通过研究近代以来的江浙农民，论述了现代因素的增长虽对宗族血缘关系起到了弱化作用，但家族的力量仍对江浙农民的生活产生影响[3]。纵观我国的家庭生活研究，许多学者在家庭结构、家庭关系、家产分配等方面有着丰硕的研究成果，但聚焦于教育方面，许多问题尚未被深入探讨。

在不断变化的社会中，每一代父母的教育观念是否会发生变化？维系几代人共同生活的精神纽带是什么？带着这些疑问，我们希望通过收集不同年代及地区的家庭生活案例，以探寻家庭教育中父母责任的传承与发展脉络，明确现代父母的教育主体责任及其承担方式。

一、50个家庭的百年教育叙事

本研究访谈了50个家庭，共计128人，收集的材料内容涉及五代人的经验生活[①]。被访者来自北京、浙江、湖南、湖北等14个省市，包括城市与农村。年龄最大的被访者为83岁，最小的为17岁。涉及的家庭类型有核心家庭、主干家庭、联合家庭以及单亲家庭。家庭结构丰富，文化水平不一，样本选择比较丰富和完整。被访者的人口学特征如表1所示。

从家庭的结构类型上来看，被访者的家庭多为核心家庭与主干家庭。我们以被访者的性别、年龄、所属家庭为基础，对每一份访谈文本进行编号。子辈、父辈与祖辈的编号均由性别与所属家庭数字构成，其中子辈男性为B、女性为G，如G9表示第9个家庭的子辈的女性成员（女儿）。父辈男性为FA、女性为MO，如FA16表示第16个家庭的父辈的男性成员（爸爸）。祖辈分为祖父母与外祖父母，祖父为GPA、祖母为GMA、外祖父为GFA、外祖母为GMO，如GMO22表示第22个家庭的祖辈的女性成员。原始资料经过转录与编号，将其导入软件Nvivo 11中，进行深入分析。

文本数据分析过程如下：首先，反复阅读128份转录文本；其次，找出被访者所叙述的故事中蕴含的共同主题；最后，再次阅读文本，将某些多次出现并具有共同意义的词语或内容进行编码，这些词语或内容所代表的不同主题就是本研究需要探寻的东西。例如，在128份文本中，一共有151处反映了被访者对知识与德行的重视。因此，我们使用"崇知重德的循守"这个主题作为一个码号，当文本涉及这个主题时，就会被编入该码

---

① 访谈以大学生为子代，他们的父母、（外）祖父母分别为第二代、第三代，（外）祖父母追述了自己的父母和（外）祖父母，故为五代人。

号。表2中参考点这一列中的数字,如"151"即为这一主题出现的频次,陈述举例即为这一主题之下受访者呈现出的具体观点或做法。

表1　被访者的人口学特征

人口学特征		数量（人）	百分比（%）
被访者生活地区	城市	55	42.97
	农村	73	57.03
总计		128	100.00
被访者出生年代	20世纪30年代	7	5.47
	20世纪40年代	9	7.03
	20世纪50年代	6	4.68
	20世纪60年代	28	21.88
	20世纪70年代	28	21.88
	20世纪80年代	0	0.00
	20世纪90年代	50	39.06
总计		128	100.00
被访者文化水平	小学及以下	15	11.72
	初中	16	12.50
	高中及中专	16	12.50
	本科及大专	68	53.12
	硕士及博士	13	10.16
总计		128	100.00

表2　父母责任代际传承的主要内容

主要内容	参考点	归于该主题的开放代码陈述举例
主体责任的延续	110	a. 我爸也经常会教我一些为人处世的道理，例如做人要善良、大方之类的。(G3)
		b. 我爸爸每天来学校门口接我，那时候天气很冷，而且路上怕堵车什么的，他就会来得更早。(G15)
		c. 我妈小时候跟她奶奶在一起待的时间比较多一点，她奶奶就会教她一些老理儿，然后她也会教给我。(G48)
家国情怀的传承	35	a. 在学校就要好好听讲，好好学习，争取以后当个官回来。(B1)
		b. 我爷爷是革命老干部，他总是要求我"要好好学习，要为祖国做贡献"。(G6)
		c. 把孩子培养成一个对社会有贡献的人。(MO17)
崇知重德的循守	151	a. 那时候我们家里养了一头牛，为了交学费，我父亲就把这个牛卖掉了。(FA4)
		b. 就像善良这种很本分的东西，会根深蒂固地从父母那里继承下来，也会不知不觉地传给自己的孩子，肯定会这样。(MO18)
		c. 家风就是要为人忠厚老实，严于律己。(MO20)
文化习俗的沿袭	148	a. 比如说女孩子不能够放肆地笑，比如说男孩子一定要勇敢。(MO8)
		b. 他这一辈子都是在农村里生活，种田，养牛养羊，是一个很朴素的村里人。我妈也很贤惠，是一个性格温和的人，一般都在家当家庭主妇，照顾孩子。(FA37)
		c. 要等长辈来吃饭了才能动筷子，这也是必然的，因为毕竟是他们在地里干了一天活儿。(FA41)

　　运用教育叙事研究的方法论，本研究采取深度访谈的形式进行资料收集。叙事研究是一种质性的、实证性的研究，旨在探讨人类体验世界的方式。研究对象通过讲故事的方式，向我们展示其个人生活中的重要事件，而研究者则负责挖掘隐藏在经验事件背后的意义，通过解释学与现象学的分析，梳理、整合、理解经验的话语和意义。

　　研究的辅助工具是Nvivo 11软件，其编码功能可以有效地帮助研究者对所收集的资料（如访谈文本、图片、音频等）进行数据分析，提炼资料内在的联系与蕴含的理论。

二、家庭中父母责任的代际传承

社会的发展日新月异，在过去的一百多年间，经历过抗日战争、解放战争、"文化大革命"、改革开放……从农业社会到工业社会再至今日，社会发生了太多变化，每个人家庭的生活经历也不尽相同，续写着一个又一个故事，体现着社会变迁的沧海桑田，展现了时代更迭的微观景观。

通过对50个家庭、128人的深度访谈，据此探索一百多年来中国的社会及教育变迁。历史的积淀使得一些重要的主题得以延续和传承。无论社会经历了怎样的变化，家庭中总有些独特的文化被传承了下来，而这些被传承下来的观念与品行，正是联系着几代人的精神纽带，构成了中国人独特的家国教育情怀。

近年来，随着家庭教育研究的兴起，有关家庭教育中的主体责任亦受到广泛关注与讨论，对责任性质的认知也正逐渐转变，有从传统伦理责任到法定责任的明显发展趋势。2015年10月发布的《教育部关于加强家庭教育工作的指导意见》指出，要进一步明确家长在家庭教育中的主体责任，教育孩子是父母或者其他监护人的法定职责。随后，在2016年11月发布的《关于指导推进家庭教育的五年规划（2016—2020年）》也要求推进家庭教育立法进程，进一步强化家长监护的主体责任，引导家长依法履行家庭教育的职责。

（一）主体责任的延续

在我国漫长的历史发展进程中，父母是家庭教育永恒的责任主体。作为孩子受教经历中的第一任老师，世代相传的教育传统与早年的家庭生活经验，使父母清晰地了解自身肩负着教育儿女的基本职责。访谈中的祖辈至父辈，受时代环境与社会政治经济的影响，家庭教育内容的选择带有鲜明的时代特点。祖辈人印象中"好好学习，当个官"这类话语，不仅是"学而优则仕"观念的传承，亦是对改善生活的美好寄托。"小时候妈妈跟我讲，'现在家里条件不好，所以你要听话，要好好读书，将来有出息了，才不会像我和你爸一样，只会拿着锄头一天到晚在地里干活'。"（MO1）此外，对于节俭、不浪费粮食的品德培养，亦是当时经济状况的客观要求。"我感觉奶奶非常勤劳、朴实，虽然爷爷的工资在当时那个环境里算是高的，但是奶奶没有工作，还有七个子女，还有下一辈，在我印象中奶奶从来都是里里外外照顾得非常好，而且非常勤俭。"（MO2）只言片语虽不能拼凑出当时家庭教育的全貌，但对其概况可窥一斑。

至于访谈中的子辈，由于父母的受教育水平提升，生活状况有了明显改观，以及在"独生子女"政策的影响下，孩子在家庭中获得了较多的关注，父母的责任意识更是有了显著提高，家庭教育围绕孩子的个性培养与全面发展。"小时候练过书法，虽然字还是挺烂的，还学过一点点画画。那时候对写字画画都挺喜欢的，只是感觉没学得很好，好像小时候家里还想让我学乐器来着，我的音乐细胞不是太好，后来也没学到什么。"（G31）书法、乐器等课外班成为了这代孩子的培养焦点，父母也开始更多地关注孩子的情感体验。"到了初三的时候，我压力特别大，他们知道了就带我去玩。我爸跟我说就是带我来散散心，希望我换个心情考试。"（G3）

从祖辈到子辈的传承过程中，时代的更迭赋予了家长教育职责新的含义与内容。家庭教育的关注内容虽然发生了从在意"物质生活"到注重"能力发展与情感体验"的转变，但"父母在家庭教育中承担着主体责任"这一点却是世代延续、经久不变的。无论哪一种方式，都蕴含着父母深沉的爱，是父母为孩子成长担责的佐证。

（二）家国情怀的传承

从曾祖辈教育祖辈，到祖辈教育父辈，再到父辈教育子辈，父母对子女都饱含着最美好的期待，这些期待正是父母承担社会责任的表现。一个有知识的人能改变自己的命运，一群有知识的人能改变国家的命运。有意或无意之中，父母都把培养子女和国家发展结合起来了，这便是一种家国情怀的传承。

访谈中的祖辈多是20世纪30、40年代出生的人，当时生活条件艰苦，他们从小受到的教育就是期望解决温饱问题、健康平安，长大后为祖国、为社会贡献力量。到了访谈中的父辈，他们多是20世纪60、70年代出生的人，生活环境较之前有了改观，父母期望的内容有所调整，但本质上并未改变，父母仍希望孩子能够"修身、齐家、治国、平天下"。具体而言，祖辈希望父辈这一代人能识文断字，走出农村，有不一样的生活。"他们觉得要让孩子都走出去，不要成为像他们自己这样的文盲，这么辛苦，所以他们拼命让我们读书，借钱也要让我们读书。"（MO32）还有一些祖辈则希望父辈能够正直善良，做一个自食其力的、对社会有用的好人，且这样一种信念是代代相传的。"'我不要求你大富大贵或者功成名就，只要你成为一个自食其力的人，一个善良的人，那么你至少一生是平平安安的，或者说是对得起自己，也对得起别人，是问心无愧的一个人。'这是父母对我们的要求，我们现在也是这样要求子女的。"（FA21）这种期望实际上与承担社会责任紧密相连，自食其力便意味着不麻烦别人，善良便意味着用积极温暖的心对待他人，好人便意味着时刻抱有善意，这正是社会和谐的必要条件。

一百多年来，父母对孩子的美好期待虽然有过不同的话语表达，"好好学习""做一个对社会有用的人""成为一个独立的人"，但这些话语都饱含家国情怀，寄托着父母对子女成人成才的期待。无论时代动荡还是安稳，家庭贫穷还是富有，中国家长对孩子的期待常常是与国家社会有关的，让下一代好好读书，成为一个德才兼备的人，为国家输送人才。家是最小国，国是千万家，所谓家国情怀，便在这一代代传承的期待之中，表现得淋漓尽致。

（三）崇知重德的循守

中国传统文化乃至整个东亚文化都有着浓厚的尊师重道的传统。不论是一百多年来的哪个历史时段，"要好好学习，做个有文化的人"几乎是永恒不变的主题。

在祖辈那一代，教育水平虽然不甚发达，但如果有条件，父母也希望自己的孩子能够读书识字，能写会算。"我这书念得坎坷。小学我没念6年，念了5年，我从2年级直接跳到4年级，因为年龄大嘛。那时候十二三岁才上学，小学念了5年就毕业了。"（GMA19）家庭的经济条件虽然难以支撑上学的费用，但一些人一路磕磕绊绊，也坚持了下来。

到了父辈，他们的父母把更多精力都放在了工作上，除一日三餐外，对家里顾及不多。即便如此，父母也希望孩子能够多读书。"我母亲家里边属于比较穷的，那几年之内村里只有两个女的考上大学。我母亲当时靠着我大舅舅来照料她，读小学、读初中都还是那种全免学费的，家里很支持，后来就上了免学费的小师范（中师），然后被推荐到大学里去了，因为各方面表现都好嘛。她自己本身很要强，总会劝诫我们'一定要努力工作啊''一定不能坏规矩啊'，包括现在什么反腐啊，她经常看电视也都知道。我自己认为我家好歹也还算一个书香门第，家里边读书这种气氛相对比较浓一些，到现在我也喜欢去买书。"（FA19）知识是最可靠的财富，家庭对知识的认可、对知识改变命运的想法，这些核心是未曾改变的。

除了对知识的重视，我国家庭教育中对德行的培养也占有很大的比例。在访谈中，大多数人都会提到父母对自己品德的养成影响重大，品德教育融于生活的点点滴滴。有被访者提到，自己上幼儿园的时候某天带了一根粉笔回家："我爸特别生气，他就罚我，让我面壁思过，教育我说以后不能再这么做了，做人要有自尊，不问即拿就是偷。直至长大成人，这件事情依然历历在目。"（G3）父母融于生活中的道德教育，让孩子将自尊、诚信印在了心中。

除了平时生活中的道德教育，家中的"老规矩"也是道德教育的重要缩影。"勤俭节约""艰苦奋斗""诚实守信""与人为善"等词语总被提起，融入各个家庭的生活点滴，潜移默化地影响着孩子的一言一行。"父亲要求我要像军人一样正直、诚实，从小要求我要站得直，坐得端，吃完饭碗里不能剩有一粒米。"（MO43）祖辈影响父辈，父辈也把这种影响带给他们的孩子。"从小我妈就告诉我要勤俭节约，不能浪费粮食。她告诉我她小时候也是这样被要求的。我吃不完总会被我妈数落。"（G43）

家风口口相传、代代相承，无数个家庭的家风浓缩成了中华民族的传统美德，这些品德早已融于每代人的骨血之中，自然而然地传承了下去。时代在发展，虽然有一些家风的含义已经有了新的变化，我们不再需要过祖辈那般艰苦的生活，但家风的核心理念不变，家庭氛围这种隐性的影响，在不知不觉中培养我们成为一个更完备的人。

（四）文化习俗的沿袭

一百多年来，中国社会经历了巨大的变革，物质文化、制度文化和观念文化都发生了历史性的变化，但中国文化的根却深植于家庭，薪火相传。究其缘由，是家庭在文化传承中的内容、形式和作用所决定的。下文将从三个方面论证家庭在文化习俗传承上的作用。

1.尊老的孝文化

古人云："百善，孝为先。"每一代父母都将这一点明确地传递给了子女。

访谈中的祖辈生活的年代，物质资源匮乏，生活水平低下。在艰难困苦之时，家庭生活中也处处可见尊老的表现。"咱工作以后知道为人民服务，知道努力学习啥的，我妈她也不太懂为人民服务，就是说'你对老年人要尊重，要有孝心，对妈妈呢，要知道妈妈的辛苦，千万别打架。'像我哥要是淘气打架了，回来她还会打他一顿，我们一瞅也不敢上外边惹事。"（GMO22）大人们忙于维持生计，此时"尊老"便体现为不给父母添麻烦，理解父母的难处，做好自己的事情，与家人和睦相处，兄友弟恭，大孩子尽量照顾小孩子，减轻父母的负担。

到了父辈，正是改革开放初期，生活水平相对之前有所提高，最为明显的便是过年时家家户户的饭桌上已经可以端上一碗热气腾腾的饺子了，可有时一碗饺子也是奢侈品。"小时候家里包了顿饺子，第一碗必须先送到奶奶家去。耳濡目染之中，我就明白了，食物得先孝敬长辈，然后自己才能吃。这类事多了，比方说在集市买了水果，都要先给长辈送去点。"（FA3）包了顿饺子，第一碗需要先送给长辈，这是20世纪70年代孝文化的具体表现。物质条件好转并不意味着家庭成员可以平均享用，而是应把最好的东西留给长辈。

访谈中的子辈多为"90后"，他们注重个性发展，追求自由与平等。此时一座座高楼建起，物质生活水平有了显著提升，孝文化又发展出了新的表现方式。"我爸爸看见我给爷爷剪指甲，就说我应该这么做，这么做很好，意思就是要孝顺老人。"（G14）这个年代，维持生计不是生活的重心，劳累了一辈子的祖父母渴望享受天伦之乐。此时，更重要的不是将一碗饺子留给长辈，而是尽可能地陪伴长辈，主动为他们做一些小事，让他们感受到晚辈的关心。

从曾祖辈到子辈，中国的孝文化就在每一代的餐桌上，在那一碗饺子中，在那一次不经意的剪指甲中传承了下来。尽管每一代人对"孝"的表现形式不同，过去注重理解与不添麻烦，现在注重陪伴与关心。但"孝"的重要性未变，"尊老敬老爱老"的观念已深入骨髓。

2."男主外，女主内"的传统观念

与"男主外，女主内"这一传统观念相伴而来的是一种传统的家庭责任分工。在祖辈所处的时代，全家的开销都靠父亲，母亲则在家中料理家事，照顾一家人的衣食起居。"爸爸上班，妈妈在家干家务。我父亲思想传统，是铁路工人，他这人挺正直的，不会歪的邪的，就是脾气不太好。一家子开销只能靠父亲，那时才几十块钱的工资，家里挺困难的。我妈是个勤劳的人，不擅言谈，性格特别好。说句不好听的话，就是因为过去是小媳妇，也不会'厉害'，待人特别实诚。"（GMA10）

到了父辈，不少家庭依旧延续着这样的家庭模式，有的母亲即使之前有工作，也渐渐为了家庭或主动或被动地放弃了事业，选择回归家庭。一直到子辈所处的时代，随着男女平等的观念不断被强调，女性受教育程度提升，更大程度地投身劳动力市场，"男主外，女主内"的现象有所变化，但仍然普遍存在，不少家庭依旧是父亲长时间在外工作，母亲则会花较多精力在家照顾孩子。"因为我一直都和我妈生活，平时周末就我们两个，我已经习惯了，等我爸从日本工作回来的时候，一开始我有一点抵触，我们俩一说话就得吵架，聊不到一块儿去。我妈就跟我说其实我爸一个人在日本挺不容易的，他也是为了我们这个家挣钱，就让我换位思考，让我体谅我爸。"（G7）

上一代家长的生活模式让下一代子女从幼时起就感性地认为男女存在分工，进而在自己的小家庭中有所承袭。虽然新时代的女性普遍奋斗在工作岗位上，但社会对女性的期望以及传统观念的影响，使得现代女性仍然会自然而然地承担起管理家庭内部事务的责任，"男主外，女主内"的责任分工便由此传递。

3.男儿当自强，女儿当自重

现今男女平等的观念逐渐传播开来，但传统性别观念仍具影响力，使得家庭对儿子和女儿的教育并不同，演变成了基于性别的差异教育，但这也不完全等同于重男轻女。

在基于性别的教育中，父母多培养男孩的担当意识，重视智育；多培养女孩的家庭观念，重视德育。

受制于经济发展水平，曾祖辈并没有能力承担所有子女的教育费用，因此那个时代能去上学的多为男孩，女孩则多留在家中帮助母亲料理家务。"家里比较贫穷，就供我哥念书。"（GMO22）"家里当时拿不出钱来，因为农村嘛，女孩子不一定要去念书是吧。"（GMA19）人们普遍认为女孩没有必要出去念书，因为她们的首要任务是照顾家庭，那么品德就成为了当时培养一个女孩最重要的东西。"作为一个女人呢，首先应该是品德好，应该是会过日子，能够持家，能够相夫教子吧。"（GMA19）女孩从小便受父母的教导，认为女人最重要的是品德好。

访谈中的祖辈大多在20世纪70年代生儿育女，尽管当时生活水平有所提高，祖辈对于父辈的培养也依然延续着过去的传统，男孩出去上学，女孩则多留在家中。"我爷爷家有两个男孩、两个女孩，姑姑都只读到小学。我爸爸还有叔叔都考的军校，留在北京了。我还问过我姑姑，她们觉得男孩读书天经地义，当时也是自愿放弃读书，留在家照顾家人的。"（G5）在那个年代，女孩不读书不完全是受制于经济状况，而是女孩自己也往往认为男孩读书天经地义，因此自愿放弃读书机会。

到了1986年，我国开始实行义务教育，性别因素在子辈入学机会上的影响逐渐弱化，但父母对于子女却又存在不同的期望。"母亲对姐姐没有对我那么上心，就是专门为了我把工作辞了什么的。"（B13）这位男性被访者出生后，母亲辞掉了工作。每次上补习课时，母亲总要坐在班级的最后面，跟他一起上课，周末休息时也会陪他一起去新华书店做卷子，他觉得很疲惫，但也很感激。这样的督促对他的学习很有帮助。但是，他母亲不会对他姐姐这样，他认为这不是重男轻女，而是对他的期望更高，希望他通过好好学习，能够更好地提高个人能力，以利于以后的人才竞争。

同时，与男孩相比，父母格外重视教育女孩要自尊自重。"我女儿自己也很保守，女孩子应该这样，不能太放任自己啊。就像她上初中的时候，她们穿的那个校服T恤，应该是有三个扣子，我说'你上面有一小块正好勒着脖子，我给你解一个扣子。'我给她解开了，一会儿她又系上了。我觉得我们这种做法可能稍微保守一些，但是对女孩子来说，我觉得这样还是对她有一定的保护吧。"（MO15）

对男孩与女孩的教育，在家长的责任意识中似乎从来都是有差异的。任务繁多的儿子，需要背负光耀门楣的压力；秀外慧中的女儿，要时刻谨记自尊自重的教诲。在历史的长河中，这种差异教育中的一些消极意义被弱化，但差异依然存在。发展至今，父母对待男孩则更强调他的担当意识、责任意识，对女孩则更强调培养她矜持、自重的意识。正如一位奶奶所讲："教育一个男孩子应该让他有点男子汉气概，要坚强，在困难的时候要勇于前进，要有韧性。女孩子呢，应该有女孩子的样子，我对'女汉子'这个词特反感，为什么女人非要成汉子，男人就是男人，女人就是女人，女人应该是贤惠温柔的，但不是窝窝囊囊的，也应该是有毅力、要坚强、能克服苦难、会过日子的。"（GMO19）"男儿当自强，女儿当自重"这一观念或许包含着父母的美好期望，但也同时显示出一种固化的性别观念，值得深入探讨。

三、结语

本研究基于50个家庭128人讲述的生活经历，涉及五代人的教育叙事资料，我们从丰富的教育故事中选取中国家庭教育历程中有关父母责任的片段，以探求历史变迁背景中父母责任的内涵。纵览这些故事，看似令人眼花缭乱，实则蕴含着一个最重要的主题——传承。中国社会一百多年来虽然经历了翻天覆地的变化，家庭教育被印染上了不同的时代特色，父母责任的内涵不断丰富、形式不断演化，但父母在家庭教育中的主体责任从未改变，且代代相承。透过以上梳理、归纳与分析，我们发现：第一，父母承担着家庭教育的主体责任，但内容发生了从关注家庭的物质生活到关心子女的能力发展与情感体验的转变；第二，父母将子女成人成才的期待与服务国家发展相连，体现着家国情怀；第三，父母在家庭教育中传递着崇尚知识与重视品德的传统，"老规矩""老理儿"融入家风；第四，父母在文化习俗的传承上扮演着重要角色，当"尊老敬老爱老"以及传统的性别观念深入人心时，例如两性的家庭责任分工与基于性别的差异教育也随之沿袭。

从乡土社会到工业社会，从自然时间到钟表时间，从耕田劳作到按时上班，老一辈人的职业生活与家庭生活相互融合，现代人的职业生活与家庭生活日趋分离。社会作为一个公共领域，变化太多太多。但就家庭来讲，它是私密的，是一代又一代人的血脉相承，这使得家庭在时代变迁中仍然会保留部分精神特质，在变化中强调传承，在不变中更新形式。可以说，家庭作为个体成长的起点，奠定了其永恒的底色。

家庭教育作为一种非正式教育，不同于学校教育与社会教育，它重在教养，是文化与品德的养成教育，是在孩子与父母朝夕相处、潜移默化中实现的。父母是这一过程中不可或缺、无法替代的重要他人。一百多年来，中国社会发生着翻天覆地的变化，政治、经济、文化等方面变化惊人，然而，无论社会如何变化，家庭始终发挥着传承传统文化基因的重要功能，父母责任的代际传承则是这一功能得以顺利实现的重要机制。值得一提的是，为使优秀文化传统得以传承，父母在承担家庭教育中的主体责任时，有必要结合新时代的先进理念进行自我更新，摒弃落后观念。

参考文献

[1] 王玉波. 中国家庭的起源与演变[M]. 石家庄: 河北科学技术出版社, 1992: 167-171.
[2] 王跃生. 社会变革与婚姻家庭变动: 20世纪30—90年代的冀南农村[M]. 上海: 生活·读书·新知三联书店, 2006: 455-466.
[3] 周晓虹. 传统与变迁: 江浙农民的社会心理及其近代以来的嬗变[M]. 上海: 生活·读书·新知三联书店, 1998: 309-330.

第三章

家庭教育与儿童发展

论儿童天性与父母教育的冲突与化解[①]

王小妍[②]

摘要： 儿童天生带有一定的秉性，拥有自然人的特质，而父母的教育职责是将儿童培养成为合格的社会人，在引导儿童由"自然人"向"社会人"转变的过程中，必定会产生儿童天性与父母教育之间的冲突。这篇文章在详细分析两者之间冲突及其原因的基础上，有针对性地提出化解冲突的对策。

关键词： 儿童天性　父母教育　冲突

父母与其子女有着亲密的血缘关系，父母既是儿童的家长，又是儿童的第一任老师，肩负着抚养教育儿童的职责。儿童作为初入社会的一分子，需要在父母的教育引导下完成由"自然人"向"社会人"的转变。但传统的成人本位观念，为人父母的养育职权，父母的生活阅历、经济地位等使得父母在教育子女的过程中常常扮演权威角色，教育中双方地位的不平等，必然会引起两者之间的冲突。

一、儿童天性与父母教育的冲突

（一）儿童的独立意志与传统的成人本位观念的冲突

儿童自脱离母体便拥有独立意志，有自主选择生活方式的意愿，父母须尊重儿童的人格、意愿和兴趣，联合国《儿童权利宣言》《儿童权利公约》的颁布，为儿童的独立意志提供了理论及法律支持。然而，理论的认定与现实操作的分离必然产生矛盾对立，尤其我国以成人为本位的传统思想观念根深蒂固，大家通常把儿童看作成人的附属物，如《弟子规》中强调为人子女须做到"父母呼，应勿缓；父母命，行勿懒；父母教，需敬听；父母责，需顺承"。甚至有"父让子亡，子不得不亡"的封建礼制。子女在父母面前几乎没

---

① 本文刊发于《教育探索》2016年第9期。

② 河北大学少年儿童组织与思想意识教育专业2014级硕士研究生，现为周口师范学院教师。

有独立人格可言,势必造成儿童的独立意志与传统成人本位观念的冲突。此外,父母赋予儿童生命,并为儿童的生存发展提供条件。父母的经济地位决定了儿童的衣食住行状况,使得父母对子女具有一定的支配权和决定权。父母作为儿童的第一任老师,从儿童的咿呀学语、蹒跚学步,到其最终成为独立的社会人,这一成长过程离不开父母的教导,他们的每一次选择和判断都折射出父母的人生观与价值观,体现着父母意志上的权威性和教育性,这也是造成儿童的独立意志与传统成人本位观念冲突的客观原因。

(二)儿童的自由本性与父母的规则教育观念的冲突

自由是人的本性需求,儿童作为发展中的个体,渴望自由自在的生活。成人给予儿童更多的自由,能够激发其内心蕴藏着的无限发展可能,促进其潜能的开发以及身心的和谐发展。法国教育家卢梭认为,"孩子们生来就是人,而且是自由的;他们的自由属于他们自己,除了他们自己之外,任何人都无权加以处置"。[1]儿童天性渴望自由,期待无拘无束的生活,但"规则"是社会正常运行的保障,《孟子》有言:"没有规矩,不成方圆。"儿童规则意识的形成离不开父母的培养与教育,而且父母对儿童的陪伴时间最长、影响最深,是对儿童进行规则教育的最佳实施者。同时,父母有为社会培养合格人才的职责,为了构建和谐社会,父母也需要对儿童进行规则教育。儿童天性崇尚自由,而父母对其进行的规则教育又有其客观必然性,两者的冲突不可避免。

(三)儿童的认知规律与父母的超前教育观念的冲突

心理学家皮亚杰的认知发展阶段理论认为,个体从出生至儿童期结束,其认知发展要经由最初的以感知运动为主逐步达到抽象逻辑思维能力的成熟,父母应按照儿童不同发展阶段的特点循序渐进地实施教育。苏联心理学家维果茨基的最近发展区理论认为,适当地增加学习难度,可以激发儿童的积极性,但过度的超前教育,会因学习难度系数大而打击儿童的兴趣,或造就出一些老态龙钟的儿童。心理学家在理论上否定了超前教育的可行性,但现实生活中竞争越来越激烈,就业门槛越来越高,使得高度焦虑的父母纷纷提前为儿童的"幸福生活"做准备。父母争先恐后地对儿童施以超前教育,提前对儿童进行抽象逻辑思维能力训练,不惜花费大量的精力、财力,但因未遵循儿童的认知发展规律,给儿童带来超负荷的学习压力,客观上造成两者之间关系的疏远和观念的冲突。

二、儿童天性与父母教育的冲突原因分析

（一）儿童天性独立自主，父母期望顺从听话

儿童作为独立个体，渴望获得自主权，拥有自主权的儿童通常会表现出积极自我肯定的情感，并能够在自主活动中增长见识，获得自尊，实现自我价值。现实生活中的儿童常被视为尚不具备独立活动能力的个体，父母认为自己有责任和义务对儿童施以保护，认为孩子顺从听话才是"好孩子"，要求儿童接受父母事无巨细的安排，遵从由父母设计的成长路线，而忽视了儿童的意见和愿望，剥夺了儿童自我思考、自我判断和自我行动的权利。父母希望儿童顺从听话，本意是以长辈的身份引导儿童学会生存，减少受到"伤害"的概率，但一味地强调儿童顺从听话，会使儿童长期处于被动地位，养成依赖他人的习惯。儿童的天性和基本发展规律得不到尊重，儿童独立自主的需求得不到满足，必然会造成儿童的自主天性与父母期望之间的冲突。

（二）儿童天性活泼好动，父母期望遵守规矩

儿童天性活泼好动，具有极强的求知欲，通常以活动作为探索未知世界的方式，进而拓宽对世界的认识，丰富情感，磨炼意志。杜威强调"做中学"，主张通过活动进行学习。儿童体内储藏着的巨大能量，需要借助适当的活动才能得以释放。但现实生活中父母通常以遵守规矩为"好孩子"的评判标准，即希望儿童遵循父母及社会制定的一系列规则。2010年8月4日，《长江日报》刊载了一篇题为"中国青少年想象力世界倒数第一 创造力倒数第五"的文章，引起了不少人的关注，也很值得反思。父母希望培养出顺从听话的孩子，学校希望培养出遵守纪律的学生，使得中国的儿童普遍较"乖"，而"乖"儿童往往缺乏创新的勇气，其想象力和创造力自然很难得到发展。规矩是任何时代、任何人都应该遵守的，它是人类共同生存所必需的。但过于死板地要求儿童遵守规矩，恰恰与儿童活泼好动的天性产生冲突。

（三）儿童天性爱好游戏，父母期望智育为先

游戏是儿童内心需求的外在行为表现。无论游戏规则多么复杂，儿童都能享受到其中的乐趣。在儿童的日常生活中，游戏具有与成人活动、工作和服务同样重要的地位，被视为儿童的"第二生命"。让儿童愉快地享受游戏，能够促进儿童的身心健康，其社会性、智力和情感都能得到全方位的发展，并为以后的成功做好充足的准备。但相比儿童的游戏，多数父母更愿意坚持智育为先的原则，为儿童报各种辅导班、兴趣班，大量占用儿童与伙伴嬉戏玩耍的时间，学习成了儿童生活的重心。父母的这种安排使儿童拥有了

更多的知识，但却缺少了本该有的孩子气，与儿童爱好游戏的天性产生冲突。终身教育理念认为知识是学不完的，可以用一生的时间不断学习，但是缺少童年游戏的影响却是长大后补不回来的。

三、儿童天性与父母教育的冲突化解策略

（一）实施基于儿童独立意志的权威教育

儿童作为独立个体，父母须对儿童的独立意志予以尊重，正如蒙台梭利所认为的："不应该把儿童当作物，而应该把他当作人来对待；不应该把他当作由成人灌注的器皿，而应该当作正在努力求得自身发展的人来对待；不应该把他当作由父母或教师来左右其个性的奴隶，而应该把他当作活生生的、主动的、独一无二的人来对待。"[2]但是，儿童作为未成熟的个体，在成长过程中又离不开父母的教育与引导。对此，父母应实施以尊重儿童独立意志为前提的教育，即在儿童教育过程中做到还儿童以尊严，以儿童为本位，使儿童独立自主的个性获得充分发展。近现代以来，受国外教育理念的影响，鲁迅、叶圣陶等人逐渐意识到儿童富有独立性的个体身份，明确提出了"儿童本位"的思想。当代教育专家刘晓东也认为，如果社会变革的方向是以人为本，那么，教育变革的方向便应当是以儿童为本，即儿童本位。只有儿童本位的教育才能构造以人为本的社会。"儿童本位"与"以人为本"是辩证统一的[3]。父母有教育子女的权利，而且无论从生活阅历还是伦理的角度，儿童都应接受父母的权威教育。基于儿童独立意志，实施以儿童为本位的权威教育将更易于被儿童接纳。

（二）实施基于儿童自由发展的规则教育

卢梭曾指出，在所有财富中最为可贵的便是自由，儿童的自由活动是他健康成长所必需的。健康的身心是儿童战胜一切困难的法宝。但是，儿童的一生离不开社会，不存在绝对的自由，儿童的自由发展必须符合社会规则的要求。同样，社会规则的制定也要尊重儿童主体的内在需求，顺应儿童的认知发展规律，保护儿童的创造性思维。社会规则不是一成不变的，而是随着社会的不断进步与发展，朝着社会普遍伦理的方向不断调整，以满足个体自由发展的需要，为儿童的自由发展提供保障[4]。父母要求儿童接受规则教育，是为了儿童能够更好地自由活动，避免受到意外伤害。社会规则是儿童自由的维护者和坚实的后盾。实施基于儿童自由发展的规则教育，在尊重儿童自由发展的同时，引导儿童的行为举止符合社会规则，使两者在彼此的互动中协调发展。

（三）实施基于儿童认知规律的早期教育

精神分析学家弗洛伊德认为，在维也纳街头精明世故、能言善道的擦鞋童长大后将会成为补鞋匠，原因是这些鞋童的人格特质过早被定型，没有给未来的发展预留足够的空间。可见，过早的训练不利于儿童全面发展，甚至会像揠苗助长的宋人，最终只得到枯萎的"幼苗"。因此，对儿童进行早期教育应遵循儿童认知发展的规律及内在需求，不要过早地给儿童定位或盲目地进行某种行为的早期训练。心理学家皮亚杰认为，"如果在儿童发展尚未达到适当水平之前提早教他知识，将会对儿童自行探索、主动求知的行为产生不利的影响"。早期教育的真正目的应是创建充满智慧刺激的环境，激发儿童自主探索的欲望，培养儿童自我教育、终身学习的能力，为适应未来复杂多变的社会环境做好准备。人生是一场马拉松，只有以儿童的内在需求和接受能力为中心，遵循儿童的天性及自然发展规律的教育才能取得最终的胜利。

依据马斯洛的需要层次理论，在满足儿童生理、安全、归属和爱的需要的前提下，父母应该重视满足儿童"尊重"的需要，使儿童拥有独立行使自己合法权利的机会。父母对儿童进行的权威教育、规则教育以及早期教育，都是爱儿童的一种表现，但如果没有建立在尊重儿童的基础之上，就容易造成儿童天性与父母教育之间的冲突。在家庭教育中，父母对孩子付出的爱归根结底在于要把孩子培养成为一个懂得爱自己、爱他人，拥有传递爱的能力的独立社会人[5]。因此，父母应在尊重儿童的独立人权、遵循儿童天性和发展规律的基础上进行教育，使儿童成长为合格的社会人。

参考文献

[1] 卢梭. 社会契约论[M]. 李平沤，译. 北京：商务印书馆，2011：12.
[2] 玛利亚·蒙台梭利. 童年的秘密[M]. 金晶，孔伟，译. 北京：中国发展出版社，2006：13.
[3] 刘晓东. 论儿童本位[J]. 教育研究与实验，2010(5)：25-28.
[4] 宋坤. 论基于儿童自由的规则教育[J]. 当代教育科学，2015(10)：3-14.
[5] 王小妍. 家庭教育中爱之辨析[J]. 教育导刊(下半月)，2016(1)：73-75.

中学生父母教养方式与学习倦怠的相关性研究

陈昱竹　秦淑敏　刘　芳　侯雪婷　张佳旺　刘广磊　弓守鑫①

摘要： 本研究以河南省某中学的学生为调查对象，采用《简式父母教养方式量表》与《中学生学习倦怠量表》，综合探讨中学生父母的教养方式与学习倦怠之间的关系。通过SPSS 22.0软件对数据进行分析，结果表明：当前父母教养以积极的教养方式为主，学生的学习倦怠主要表现在心理耗竭维度上；父母拒绝与父母过度保护这两个维度和学生的学习倦怠呈正相关，父母情感温暖维度与学习倦怠呈负相关。

关键词： 中学生　学习倦怠　父母教养方式

一、问题提出

中学生处于心理发展不稳定的年龄阶段，面对严重的课业负荷，容易出现精力损耗等现象，且随着精力损耗程度不断加深，其厌学情绪进一步恶化，可能会衍生出辍学、离家出走等行为。父母作为孩子的监护人，与孩子朝夕相处，其教育态度和方式会影响孩子的人格、价值观等的形成，因此探讨中学生父母教养方式与学习倦怠之间的关系，可以帮助学校和家长更深刻地认识到影响中学生学习倦怠的因素，据此降低中学生厌学情绪发生的可能性。

学习倦怠是中学生普遍存在的问题，这与社会压力、师生关系[1]、家庭环境[2]以及个人内部原因[3]1409-1412等因素密切相关。杨丽娴、连榕、张锦坤认为学习倦怠是学生因为失去了学习动力，但又不得不学习而产生的疲惫等消极情绪，基于此而出现的逃学行为[3]1409-1412。本研究采用较为中和的观点，认为学习倦怠是学生在学业领域因学业过重或学习过度而出现的身体与心理方面消极、负面的表现[4]。

父母教养方式是社会各界广泛关注的课题。西尔斯（Sears）等人认为父母教养方式

---

① 作者均为安阳师范学院应用心理学专业2017级本科生。

是父母在教养子女的过程中，为了让子女健康成长而持有的观念、态度及行为的集合，是父母与孩子双方的一种互动[5]；林崇德、杨治良、黄希庭认为父母教养方式表现在对子女的教育态度方式上[6]。本文采用的父母教养方式的定义为：父母在子女抚养以及教育过程中表现出来的一种相对稳定的行为倾向[7]，家长通过教养孩子的行为活动影响着孩子的社会性发展[8]。

前人对学习倦怠与家庭教养方式展开了系列研究。罗媛、李菁霞研究发现，父母情感温暖维度与学习倦怠呈负相关关系，父母对子女的关心程度会对中学生的学习倦怠产生影响[9]；廖红认为父母惩罚严厉、拒绝否认的消极教养方式，会对中学生的学习倦怠产生影响[10]。

学习倦怠是社会各界广为关注的一个问题，前人对父母教养方式与学生积极学习之间的关系有大量的研究，然而对父母教养方式与学生学习消极情绪之间的关系研究却很少，本研究试图考察中学生父母教养方式与学习倦怠之间的关系。

二、研究方法

（一）研究对象

本研究采用问卷调查的方法，分层随机抽取河南省某中学初一到高三的学生，共发放问卷570份，回收有效问卷525份，有效率为92.11%，被试的基本情况如表1所示。

表1　被试基本情况分布

项目	类别	N	百分比（%）
性别	男	297	56.6
	女	228	43.4
总计		525	100.0
年级	初一	89	17.0
	初二	93	17.7
	初三	93	17.7

项目	类别	N	百分比（%）
年级	高一	98	18.7
	高二	50	9.5
	高三	102	19.4
总计		525	100.0
是否独生子女	是	24	4.6
	否	501	95.4
总计		525	100.0
户籍类型	农村	465	88.6
	城市	60	11.4
总计		525	100.0

（二）研究工具

1.简式父母教养方式量表

本研究采用的是由蒋奖、鲁峥嵘、蒋苾菁等人修订的《简式父母教养方式量表》[11]，该量表共42题，父母各21题，包括拒绝、情感温暖、过度保护三个维度，该量表采用4点记分法，其中《父亲分量表》的克隆巴赫 α 系数（Cronbach's α 系数）为0.673，《母亲分量表》的克隆巴赫 α 系数为0.667。

2.学习倦怠量表

本研究采用的是陈丹丹修订的《中学生学习倦怠量表》[12]，该量表共23题，包括心理耗竭、身体耗竭、对学习的疏离、人际关系的疏离、低效能五个维度。该量表采用5点记分法，总量表的克隆巴赫 α 系数为0.872。

（三）研究程序

1.发放问卷

本研究采用集体施测的方式，主试于2018年10月在晚自习时间发放问卷。在发放问卷前,向被试者说明指导语和注意事项。问卷发放顺序为《学习倦怠量表》《简式父母教养方式量表》,两份问卷大约在25分钟内作答完毕,并现场回收问卷,问卷回收率为100%。

2.数据输入与统计

剔除不合格问卷(作答不完整、测谎题存在差异、作答不认真、人口学变量未填写等)45份,对有效问卷编号并进行数据录入,采用SPSS 22.0软件进行独立样本t检验、单因素方差分析与相关分析等。

三、研究结果

(一)中学生学习倦怠的基本情况

1.中学生学习倦怠现状

由表2可知,在学习倦怠的五个维度上,心理耗竭的平均分最高,其次是对学习的疏离、人际关系的疏离和身体耗竭,最低的为低效能,由此可知中学生的学习倦怠以心理耗竭为主。

表2 中学生学习倦怠各维度的平均分与标准差

维度	N	M	SD
心理耗竭	525	13.18	5.454
身体耗竭	525	10.42	3.835
对学习的疏离	525	11.49	4.506
人际关系的疏离	525	10.93	4.141
低效能	525	8.40	2.751

2.学习倦怠在性别上的差异

由表3可知,不同性别的学生在学习倦怠中的心理耗竭、身体耗竭、对学习的疏离以及人际关系的疏离维度上均存在显著差异。

表3 学习倦怠在性别上的差异

维度	性别	N	M ± SD	t	p
心理耗竭	男	297	14.09 ± 5.883	4.430***	0.000
	女	228	11.99 ± 4.586		

维度	性别	N	M ± SD	t	*p*
身体耗竭	男	297	10.80 ± 3.832	3.115**	0.002
	女	228	9.83 ± 3.765		
对学习的疏离	男	297	12.34 ± 4.691	5.006***	0.000
	女	228	10.39 ± 4.004		
人际关系的疏离	男	297	11.26 ± 4.082	2.135*	0.033
	女	228	10.49 ± 4.186		
低效能	男	297	8.34 ± 2.731	−0.537	0.591
	女	228	8.47 ± 2.782		

注：*表示$p < 0.05$，**表示$p < 0.01$，***表示$p < 0.001$。

3.学习倦怠在年级上的差异

由表4可知，不同年级的学生在学习倦怠上均存在显著差异。

表4　学习倦怠在年级上的差异

维度	M ± SD						F	*p*
	初一（89）	初二（93）	初三（93）	高一（98）	高二（50）	高三（102）		
心理耗竭	9.35 ± 4.057	13.56 ± 6.268	13.56 ± 5.783	14.05 ± 4.573	14.08 ± 5.844	14.54 ± 4.568	12.179***	0.000
身体耗竭	7.94 ± 3.478	12.02 ± 4.408	10.84 ± 4.006	10.46 ± 3.316	10.78 ± 2.923	10.52 ± 3.275	12.162***	0.000
对学习的疏离	7.65 ± 3.137	10.85 ± 4.903	11.48 ± 4.655	13.02 ± 3.750	12.56 ± 3.412	13.45 ± 3.984	24.457***	0.000
人际关系的疏离	9.52 ± 4.401	11.33 ± 4.942	11.18 ± 4.089	10.90 ± 3.779	11.08 ± 3.288	11.50 ± 3.655	2.765*	0.018
低效能	6.58 ± 2.481	8.49 ± 3.192	8.70 ± 2.974	8.99 ± 2.430	8.32 ± 2.290	9.10 ± 2.127	11.214***	0.000

注：*表示$p < 0.05$，***表示$p < 0.001$。

（二）中学生父母教养方式的基本情况

1.父母教养方式现状

由表5可知，父母的情感温暖维度的平均分最高，其次是父母过度保护维度，而父母拒绝维度的平均分最低。由此可知，当前父母教养主要以积极的教养方式为主。

表5　父母教养方式各维度的平均分与标准差

维度	N	M	SD
父亲拒绝	525	8.95	3.402
母亲拒绝	525	9.24	3.180
父亲情感温暖	525	19.28	4.908
母亲情感温暖	525	20.26	4.777
父亲过度保护	525	16.82	4.270
母亲过度保护	525	18.70	4.507

2.父母教养方式在是否独生子女上的差异

通过独立样本t检验可知，中学生是否为独生子女在父亲过度保护这一维度上存在显著差异（见表6）。

表6　父母教养方式在是否独生子女上的差异

维度	独生子女	N	M ± SD	t	p
父亲拒绝	是	24	9.38 ± 4.421	0.620	0.536
	否	501	8.93 ± 3.350		
母亲拒绝	是	24	10.00 ± 3.502	1.202	0.230
	否	501	9.20 ± 3.162		
父亲情感温暖	是	24	19.96 ± 4.477	0.693	0.489
	否	501	19.25 ± 4.929		

维度	独生子女	N	M ± SD	t	p
母亲情感温暖	是	24	19.38 ± 5.224	−0.928	0.354
	否	501	20.30 ± 4.756		
父亲过度保护	是	24	18.71 ± 4.428	2.220*	0.027
	否	501	16.73 ± 4.246		
母亲过度保护	是	24	19.75 ± 3.674	1.172	0.242
	否	501	18.65 ± 4.540		

注：*表示 $p < 0.05$。

3.父母教养方式在户籍类型上的差异

使用独立样本t检验比较父母教养方式在户籍类型上的差异，结果表明，户籍类型为农村的学生在父亲情感温暖维度和母亲情感温暖维度上与户籍类型为城市的学生存在显著差异（见表7）。

表7 父母教养方式在户籍类型上的差异

维度	户籍类型	N	M ± SD	t	p
父亲拒绝	农村	465	8.91 ± 3.407	−0.796	0.427
	城市	60	9.28 ± 3.375		
母亲拒绝	农村	465	9.21 ± 3.209	−0.548	0.584
	城市	60	9.45 ± 2.954		
父亲情感温暖	农村	465	19.13 ± 4.893	−1.996*	0.046
	城市	60	20.47 ± 4.901		
母亲情感温暖	农村	465	20.07 ± 4.706	−2.495*	0.013
	城市	60	21.70 ± 5.110		

（续表）

维度	户籍类型	N	M ± SD	t	*p*
父亲过度保护	农村	465	16.82 ± 4.248	−0.017	0.987
	城市	60	16.83 ± 4.480		
母亲过度保护	农村	465	18.67 ± 4.536	−0.431	0.667
	城市	60	18.93 ± 4.309		

注：*表示 $p < 0.05$。

4.父母教养方式在性别上的差异

如表8所示，不同性别的学生在父亲拒绝、母亲情感温暖与父母过度保护维度上均存在显著差异。

表8　父母教养方式在性别上的差异

维度	性别	N	M ± SD	t	*p*
父亲拒绝	男	297	9.34 ± 3.406	3.014**	0.003
	女	228	8.45 ± 3.337		
母亲拒绝	男	297	9.39 ± 3.079	1.283	0.200
	女	228	9.04 ± 3.301		
父亲情感温暖	男	297	19.30 ± 4.946	0.087	0.931
	女	228	19.26 ± 4.868		
母亲情感温暖	男	297	20.72 ± 4.621	2.539*	0.011
	女	228	19.66 ± 4.919		
父亲过度保护	男	297	17.34 ± 4.181	3.162**	0.002
	女	228	16.16 ± 4.303		

维度	性别	N	M ± SD	t	p
母亲过度保护	男	297	19.40 ± 4.205	4.124***	0.000
	女	228	17.79 ± 4.728		

注：*表示$p < 0.05$，**表示$p < 0.01$，***表示$p < 0.001$。

5.父母教养方式在年级上的差异

由表9可知，不同年级的学生在父母教养方式上均存在显著差异。

表9　父母教养方式在年级上的差异

维度	M ± SD						F	p
	初一（89）	初二（93）	初三（93）	高一（98）	高二（50）	高三（102）		
父亲拒绝	9.89 ± 3.399	9.25 ± 4.018	9.57 ± 3.985	8.65 ± 3.179	8.48 ± 2.485	7.83 ± 2.334	4.819***	0.000
母亲拒绝	10.30 ± 3.465	9.59 ± 3.684	9.71 ± 3.374	8.80 ± 2.792	8.92 ± 2.633	8.14 ± 2.372	5.817***	0.000
父亲情感温暖	18.01 ± 4.564	20.73 ± 5.013	19.83 ± 4.629	19.36 ± 4.438	18.66 ± 4.138	18.79 ± 5.753	3.494**	0.004
母亲情感温暖	19.19 ± 4.600	22.03 ± 4.385	20.45 ± 5.488	20.38 ± 4.138	19.64 ± 4.746	19.59 ± 4.802	4.188**	0.001
父亲过度保护	17.06 ± 3.912	17.35 ± 4.143	17.91 ± 4.508	16.52 ± 4.454	15.94 ± 4.182	15.87 ± 4.099	3.156**	0.008
母亲过度保护	18.60 ± 3.933	19.57 ± 4.476	19.95 ± 5.153	18.44 ± 4.611	18.06 ± 4.335	17.41 ± 3.984	4.182**	0.001

注：**表示$p < 0.01$，***表示$p < 0.001$。

（三）中学生学习倦怠与父母教养方式的相关性

本研究对中学生学习倦怠状况和父母教养方式的各维度进行了系统分析，结果显示父母拒绝及父母过度保护维度与学习倦怠呈显著正相关，而父母情感温暖维度与学习倦怠呈负相关（见表10）。

表 10　学习倦怠与父母教养方式各因子的相关矩阵（N=525）

维度	1	2	3	4	5	6	7	8	9	10	11
心理耗竭	1										
身体耗竭	0.474***	1									
对学习的疏离	0.696***	0.366***	1								
人际关系的疏离	0.279***	0.399***	0.294***	1							
低效能	0.509***	0.275***	0.462***	0.198***	1						
父亲拒绝	0.171***	0.152***	0.134***	0.057	0.047	1					
母亲拒绝	0.150***	0.165***	0.067	0.106*	0.016	0.690***	1				
父亲情感温暖	−0.215***	−0.067	−0.200***	−0.137***	−0.151***	−0.300***	−0.260***	1			
母亲情感温暖	−0.140**	−0.036	−0.139**	−0.151**	−0.146**	−0.223***	−0.313***	0.696***	1		
父亲过度保护	0.149**	0.210***	0.088*	0.035	0.038	0.494***	0.416***	0.012	−0.044	1	
母亲过度保护	0.179***	0.228***	0.106*	0.053	0.009	0.328***	0.449***	−0.030	0.040	0.718***	1

注：*表示 $p < 0.05$，**表示 $p < 0.01$，***表示 $p < 0.001$。

四、结果分析

（一）中学生学习倦怠与父母教养方式的现状分析

1.中学生学习倦怠现状分析

　　研究结果显示，在性别方面，中学生在心理耗竭、身体耗竭、对学习的疏离以及人际关系的疏离这四个维度上存在显著差异，这与魏珍[13]、黄凤[14]的观点一致，即男生对学习的倦怠感略高于女生。这可能与青春期学生在生理和心理上的发展变化有关，也可能受"男主外，女主内"传统观念的影响，社会对男性的要求较高，而男生应对压力主要采用自行消化的方式，这都在一定程度上导致男生的学习倦怠水平略高于女生。

在年级方面，初一年级与其他年级相比不易产生学习倦怠，且在对学习的疏离维度上初一年级最低，高三年级最高。这可能是因为初一年级学生刚从小学步入初中，学习压力较小，对学习的热情较高；而高年级学生学习任务难度与课外补习频率不断增加，学习压力较大，尤其是高三年级学生，面对高考压力，身心状况远不如低年级学生。另外，初一和高一年级学生在人际关系的疏离维度的水平较低，可能与接触新环境有关。

2.中学生父母教养方式现状分析

研究结果显示，独生子女在父亲过度保护维度上显著高于非独生子女。这可能是由于独生子女身上寄托了家人全部的希望，受到的保护更是无微不至；而非独生子女由于同辈的存在，受到的关注和爱护相对合理。

城市中学生在父亲情感温暖和母亲情感温暖两个维度上显著高于农村中学生。这可能是相对城市中学生，农村家庭的物质水平较低，家长更注重对孩子物质需求的满足；而城市家长教育理念较新，在满足孩子物质需要的同时更关注其心理发展。

在性别方面，男生在父亲拒绝、母亲情感温暖与父母过度保护维度上均显著高于女生。这可能是由于我国自古以来有重男轻女的传统思想，资源会向男生倾斜。此外，女生较男生在心理上更早成熟，在生活中也更能体会到父母的不易，更加的独立。

在年级方面，高三年级学生在父母拒绝与父母过度保护维度上低于其他年级。初一年级学生在父母拒绝维度上高于其他年级，在父母情感温暖维度上低于其他年级。这可能是由于高三年级学生心理较为成熟，对父母的认识更理性，同时高三年级学生的父母对于面临高考的孩子，更加关注其心理发展；而初一年级学生渴望独立但能力不足，父母也未能及时转变态度给予孩子更多自主权。

（二）中学生学习倦怠与父母教养方式的相关分析

研究结果显示，父母拒绝与父母过度保护对学习倦怠有正向预测作用，而父母情感温暖对学习倦怠有反向预测作用。这表明，父母拒绝与父母过度保护越高，学生的学习倦怠程度越高；父母情感温暖越高，学生的学习倦怠越低。若父母以积极的教养方式为主，及时与孩子进行沟通，将会促使孩子以更加积极乐观的方式成长，即使是在学业压力严重或是困难较大时也会保持积极的心态，不断激励自己前进。相反，父母采取专制、溺爱或冷漠型的教养方式，可能会导致孩子无法正确对待学业压力与困难，加深学习倦怠程度。

五、结论及建议

（一）结论

中学生学习倦怠是当前普遍存在的问题，主要表现为心理耗竭，其次是对学习的疏离、人际关系的疏离、身体耗竭与低效能。

父母拒绝与父母过度保护对中学生学习倦怠具有显著正向预测作用，父母情感温暖对中学生学习倦怠有显著反向预测作用。

当前父母教养以积极的教养方式为主。

（二）建议

综上所述，积极的教养方式对缓解中学生学习倦怠起着不可忽视的作用。然而这不仅需要家庭自身的努力，更需要其与学校、社会三方力量统筹联合，共促孩子的健康成长。

父母应采取积极有效的沟通方式，尊重、理解孩子的合理需求，了解、认可其优点；注意自身言行，积极进取，利用当前社会资源，不断反思、学习与孩子的相处模式，构建并保持积极的教养方式。

学校应合理安排作息时间，注重孩子兴趣的多元化发展，善于发现学生的闪光点，因材施教，合理转换教学模式，帮助学生找到适合自身的学习方法，并通过家庭任务、家长会等机会普及科学育儿知识，帮助家长学会与孩子沟通。

社会应积极利用各大资源平台，着重强调孩子的个性发展，对不同方面优秀的孩子都进行报道，促进学校设置多样化的课程；同时，加大科学育儿的宣传力度，设置交流平台，开展家庭教育公益性讲座、学习沙龙等。

参考文献

[1] 马丽荣. 初中生家庭教养方式、师生关系与学习倦怠的关系研究[D]. 西安: 陕西师范大学, 2012.

[2] 赵千诺. 中学生父母教养方式、自尊与学习倦怠的关系研究[D]. 西安: 陕西师范大学, 2015.

[3] 杨丽娴, 连榕, 张锦坤. 中学生学习倦怠与人格关系[J]. 心理科学, 2007(6).

[4] 陈增娟. 中学生学习倦怠与学习压力、心理弹性的关系研究[D]. 长春: 东北师范大学, 2012.

[5] Sears, R. R., Maccoby, E. E., Levin, H. Patterns of Child Rearing[J]. The American Journal of Psychology, 1960(1).

[6] 林崇德, 杨治良, 黄希庭. 心理学大辞典[M]. 上海: 上海教育出版社, 2003: 563.

[7] 曹薇. 高中生父母教养方式的调查研究[J]. 贵州师范大学学报(自然科学版), 2012(4): 49-52.

[8] 姜曼玉. 父母教养方式对幼儿社会性发展的影响研究[J]. 中华少年, 2016(8): 4.

[9] 罗媛, 李菁霞. 初中生学业倦怠倾向与家庭教养方式的关系研究[J]. 四川文化产业职业学院(四川省干部函授学院)学报, 2014(1): 86-90.

[10] 廖红. 父母教养方式对中学生学业倦怠的影响[J]. 内江师范学院学报, 2015(12): 61-65.

[11] 蒋奖, 鲁峥嵘, 蒋苾菁, 等. 简式父母教养方式问卷中文版的初步修订[J]. 心理发展与教育, 2010(1): 94-99.

[12] 陈丹丹. 中学生学习倦怠的内源性结构模型研究[D]. 广州: 广州大学, 2011.

[13] 魏珍. 中学生学习倦怠的主要影响因素及其个别差异研究[D]. 南京: 南京师范大学, 2007.

[14] 黄凤. 初中生学习倦怠与发展资源、学业自我效能感的关系[D]. 济南: 山东师范大学, 2014.

保姆对幼儿的影响

徐 蕊[①]

摘要： 随着社会的进步和发展，人们的生活水平不断提高，越来越多的家庭为了减轻育儿负担而请保姆。笔者通过亲子课了解到保姆的一些情况，并将保姆分成三类：尽职尽责的保姆、尽职不尽力的保姆和尽职不尽责的保姆。三类保姆对幼儿发展的影响不同，基于此对保姆的选择以及如何指导保姆科学育儿提出了一些建议。

关键词： 保姆　家庭教育　幼儿成长

一、保姆的问题对幼儿有何影响

儿童的社会性发展[1]首先是从家庭开始的。在家庭中通过父母的影响及指导，儿童获得了最初的生活经验、社会经验和行为规范。而现在在很多家庭中孩子的直接看护人是保姆，保姆在对孩子的教育方面存在着很多问题，她们中有很多人不了解孩子在不同年龄段的发展特点，不能提供科学性的指导。保姆往往导致幼儿在生活自理方面不能得到锻炼，表现出幼儿对大人过多的依赖，没有简单的自我服务意识。另外，保姆对孩子只是简单的看护，缺少交流，幼儿的性格也会受到影响，经常会有不爱说话、胆子小等不自信的表现，还会出现霸道、无理、爱打人等很多不文明的行为。一方面，保姆的文化素质、言行举止、性格特点、情绪以及情感对孩子会产生潜移默化的影响[2]。另一方面，这还和保姆在雇主家中的地位，比如是否得到尊重与信任等息息相关。下面将通过具体实例来分析三类典型的保姆及相关的教育问题。

二、通过亲子课上对保姆的了解，大体可以把保姆分为三大类

首先说明一下，此次问题的提出主要的依据是两个学期的亲子课堂实录与分析，还有对保姆与家长的访谈。在课堂实录中主要分析幼儿的行为表现与保姆对幼儿的行为表

---

① 北京明天幼稚集团教师。

现做出的反应,总结出保姆在科学育儿方面经验匮乏,只是负责简单的看护。面对这一问题,我决定对家庭成员进行详细了解,主要访谈的对象就是保姆个人和孩子的妈妈。对保姆个人访谈的内容有:保姆的文化水平;保姆认为在婴幼儿期应该培养孩子哪些方面的能力;保姆在这个家庭中照顾幼儿生活有什么困惑;保姆想提升自己专业育儿能力的意愿。对孩子妈妈访谈的内容有:选择保姆的主要原因;心中预想的保姆是什么水平;是否看重幼儿的启蒙教育,主要注重哪些方面的培养;对现任的保姆在育儿方面有什么期望。

通过访谈对保姆的育儿水平和家庭的需求都有了初步的了解,并在两个学期的亲子课中做了定期的反馈与分析,发现不同类型的保姆对幼儿有着不同程度的影响。

(一)A类——尽职尽责的保姆

尽职尽责的保姆不仅仅是对幼儿的生活进行看护,还对幼儿进行教育。

举例:小a(化名,为保护幼儿隐私,下文均用化名)是个很漂亮的小女孩,已经3岁了。保姆35岁,家里有两个孩子,高中学历。每次亲子课都是保姆带着小a来上课,保姆每次都提醒小a主动向老师问好。在分散游戏的时候,保姆会有意识地陪着小a一起玩,而不是单一地让孩子自己玩,这一点不是所有的保姆都能做到的。她也会按照老师的要求提醒小a如何收放玩具。集体游戏时,保姆会对小a的表现给予及时的表扬与鼓励。

(二)B类——尽职不尽力的保姆

尽职不尽力的保姆会尽心地照顾好幼儿的生活起居,由于对自身的不自信和雇主家庭环境的影响,只对幼儿实施简单的教育。

举例:小b是个帅气的小男孩,2岁零10个月,胆子很小。保姆42岁,家里有两个女儿,初中学历。每次都是保姆抱着小b来上课,保姆什么事情都习惯帮小b做。例如:小b去活动区玩时,需要自己脱下鞋,但每次都是保姆顺手就帮着把鞋脱了。穿鞋时小b表现出很懒散的样子,不想自己穿鞋,我鼓励小b自己动手穿上鞋,可保姆趁我不注意就帮着小b把鞋穿上了,包办代替的现象很严重。小b在活动区玩时,保姆一般都是在一旁看着他玩,很少跟小b有交流,但当我提醒保姆时,她会有意识地主动和孩子一起玩,会指导孩子自己动手做事。集体游戏时,保姆也能主动地引导孩子配合老师。但遇到孩子不听话时,保姆不敢说什么,孩子不听就不说了,一味哄抱。保姆对我说不敢多管孩子,怕管坏了,伤了孩子的自尊心,孩子的父母特别怕孩子的心理受到伤害。

(三)C类——尽职不尽责的保姆

尽职不尽责的保姆会尽职照顾好幼儿的生活起居,但对幼儿没有实施教育的意识。

举例：小c是个小男孩，3岁。保姆46岁，来自小c妈妈的老家，没有上过学。妈妈带着小c来上过一次课，请假不方便的时候就让保姆带着孩子来上课。小c不爱说话，每次都在一个角落里自己玩玩具，保姆就在旁边坐着，跟孩子很少有交流。集体游戏时，小c想表达又不敢表达时，保姆不能及时鼓励小c勇敢地和大家一起做游戏，只是在小c的身边一直看护着。只要不涉及安全问题，保姆很少跟孩子交流。

总体而言，个人认为家长不能对保姆要求过高，但是也不能没有要求，可以根据保姆的自身水平提出一定的期望和要求。A类保姆的自身素质比较高，家长可以和保姆共同学习科学育儿方法，共同教育幼儿。B类保姆缺少的是家长对她们的肯定与给予教育孩子的权利，家长首先要做的就是树立保姆的自信心，多给一些时间让保姆学习一些基本的科学育儿知识，家长还要在孩子面前给予保姆权利和尊重，让幼儿能听从保姆的话，这样保姆就能全力教育好、带好幼儿。在有些家庭里家长没有给保姆任何的权利，保姆会因此放纵幼儿——不是自己的孩子哪敢"教训"呢？最终幼儿会养成不良的生活习惯，形成不好的性格。所以家长要给予保姆机会，让保姆在孩子面前有"威严"，这样可以避免很多问题。C类保姆自身素质相对来说就差很多，需要从根本上给予培训。为什么自身素质较差的人，家长还是要用呢？家长选保姆会优先选择熟悉的人，认为这样的人对孩子应该不会有坏心眼，安全系数会高一些。但是这类保姆对于孩子的教育也有很大的影响。所以家长要重视起来，对她们进行家庭教育培训。

三、随着社会的发展，当代保姆应该具备的条件和能力水平

一是保姆应具备良好的健康状况。保姆的健康状况直接关系到孩子的健康，体质弱的保姆照顾孩子会力不从心，若患有传染病，还可能将病传染给孩子。所以在雇佣保姆之前，要让受雇者去医院进行体检，确认健康才可考虑正式雇佣。

二是保姆要有责任心。养育孩子的工作是一件复杂的、细致的、琐碎的工作，是不能疏忽大意的。婴幼儿时期是孩子身心发育的重要时期，这个时期孩子生长发育的好坏，对其一生影响很大，况且孩子对疾病的抵抗力又弱，对外界环境的适应力比较差，因此保护孩子和保证孩子的健康极为重要。这就需要保姆在孩子日常生活的每个环节上，都要认真、细心、负责，特别是小孩子还不懂得什么是危险，常常会出现意外事故，如果稍有疏忽，就会影响其健康甚至带来严重后果。所以保姆要有责任心，这一点非常重要。

三是保姆要有良好的精神风貌。良好的精神风貌包括大方得体的言行、干净利索的外表、对自己的服务充满自信、热爱自己的职业、有较好的教养、能礼貌待人等。

四是保姆要有爱心，喜欢小孩子。保姆对待每个客户的孩子都视如己出，像是对待自己的孩子一样呵护，让家长能够放心，并能感受到自己对孩子的那份爱。

五是保姆自身要具备良好的素质水平。要有中专以上的学历，具备一定的学习能力，参与过专业的育儿培训，具备较全面的科学育儿知识，能对常见的问题做出准确判断和妥善处理。

保姆也需要做到以下几点。

第一，保姆要了解幼儿的身心发展特点及相应的日常生活指导策略。

第二，保姆要积极地对幼儿的生活自理能力进行培养，不要包办代替。

第三，保姆要培养幼儿良好的进餐习惯，鼓励幼儿不挑食。

第四，保姆要对幼儿的常见疾病有所了解，并懂得如何预防。

第五，保姆要善于发现幼儿的优点，及时地给予表扬与奖励，帮助幼儿树立自信心。

众所周知，家庭教育对幼儿启蒙有着深远的影响[3]，而保姆作为家庭中的一分子，她的点滴行为对幼儿成长更是有着直接的影响。这就要求保姆不仅要照顾好幼儿，还有责任教育好幼儿，能做到保教结合的才是一名优秀的保姆，这样的保姆更是每个家庭都想要的。所以保姆在适应当代社会发展的需求下，还应该提高自身文化素养，经过专业机构的培训获得相关资格证书。而机构也要真正担负起培训审查和考核的责任，只有单位和个人都担负起自己应负的责任，幼儿的启蒙教育才算是科学、有保障的，才能为祖国的未来打下坚实的基础。

四、关于聘请保姆的几点建议

保姆不仅仅是照顾婴幼儿的饮食起居，她与孩子在一起时的行为习惯、道德品质、性格脾气以及与孩子的交流沟通方式都将会直接影响到孩子的成长。因此，为了确保孩子健康地成长，父母必须为孩子选择一位好保姆。在选择时要注意以下几点。

一是家长要根据自己的需求选择适合的保姆。如家长因工作原因需要找保姆照顾幼儿，那么家长就要提前1~2个月为幼儿寻找适宜的保姆，最好是让保姆在家长外出开始上班之前就融入家庭环境，让孩子乐意与她相处。再者市场上保姆的价位不等，家庭还是要根据自身的经济条件做出相应的选择。价位不同，保姆自身的条件和负责的内容也是不同的，所以家长要明确自己需要保姆主要负责什么，需要找什么条件的保姆。心中有了标准，在今后的共同生活中才不会出现不必要的麻烦。

二是一定要在正规机构寻找合适的保姆（或者是知根知底的熟人）。查看保姆的各种证件，对保姆要有初步的了解，并签订有效的法律合同，这样才会使幼儿的安全有保障。

三是要认真了解保姆的身体健康状况，可以要求她出示相关的工作证、健康证，必要时可以带保姆一起去体检，主要检查其是否有易传染的疾病。因为幼儿的抵抗力弱，是易感染人群，所以父母要为孩子的健康着想。

四是聘请的保姆一定要具备一定的专业知识，最好是接受过专业的婴幼儿护理培训，还要有相应的照顾婴幼儿的工作经验。当出现问题时，专业的保姆可以做出及时有效的处理。

五是在保姆的试用期间，要及时观察保姆的生活习惯，了解保姆的品质、性格、脾气，观察保姆对待孩子的耐心度，要考虑保姆照顾孩子是否仔细、孩子是否能接受这个保姆等问题。

六是正式聘用后，要及时与保姆沟通，并且将自己的期望或要求真实地告诉她，让保姆尽快适应自己的节奏，同时要将自己对保姆要求的育儿禁忌事项写下来，请她遵守，明确保姆的职责。

最后想提醒家长们，作为孩子的父母要尊重保姆的人格，关心保姆的生活，尽量能视她为家人一样，不要让她有寄人篱下的感觉。家长对保姆尊重，幼儿也会学着尊重保姆。家长对保姆好，保姆对家长提出的育儿要求，也就会认真地倾听并记在心里，好好对待幼儿。良好的家庭成员关系的建立，会使保姆处处为家长、幼儿着想，对于幼儿的家庭教育就容易达到统一性。同时家长要引导保姆积极地配合幼儿园老师的工作，遇到问题主动跟老师沟通并向家长反馈，建立良好的家园互动关系。

参考文献

[1] 张丽华. 父母的教养方式与儿童社会化发展研究综述[J]. 辽宁师范大学学报, 1997(3)：20-23.

[2] 教师之家·教育资讯. 保姆教育对孩子有哪些影响[EB/OL]. (2020-11-09)[2020-11-20]. https://teacher.ruiwen.com/jiaoyuzixun/206559.html.

[3] 陈鹤琴. 家庭教育——怎样教小孩[M]. 北京：中国致公出版社, 2001：52-187.

家庭教育书籍中的智能教育调查分析①

郭春倩②

摘要： 为推动家庭教育指导事业的良性发展，促进父母家庭教育素养与能力的提高，本研究对市面上流通的家庭教育书籍中的智能教育相关内容进行预分类，利用EpiData软件将预分类编制成"伪问卷"，通过循环试录入初始数据确定最适当的"伪问卷"，将文本信息转换为可量化数据，再利用SPSS 19.0软件进行数据分析。研究发现，出版家教书籍的出版社基本位于我国人口分布地理界线黑河—腾冲线以南；家教书籍中的智能教育内容首要关注儿童能力的培养；家教书籍中的智能教育内容体现了性别平等；不同背景的作者均同等重视智能教育；家庭教育中的智能教育内容随着儿童年龄的增长逐步减少。

关键词： 智能教育　家庭教育书籍　家庭教育

近年来，党和国家越来越重视家庭教育。2015年，习近平总书记提到"家庭是社会的基本细胞，是人生的第一所学校。不论时代发生多大变化，不论生活格局发生多大变化，我们都要重视家庭建设，注重家庭、注重家教、注重家风"。随后，2015年10月教育部印发的《关于加强家庭教育工作的指导意见》、2016年11月全国妇联联合教育部等共同印发的《关于指导推进家庭教育的五年规划（2016—2020年）》等都表明家庭教育工作的重要性和必要性。

在家庭教育领域承担着指导者角色的家庭教育书籍，可以带给普通家庭科学育儿知识，教给普通家长正确对待儿童心理和行为的知识与方法，甚至直接影响家庭风气和家庭习惯。家庭教育书籍在家庭教育中发挥着重要的作用，而儿童智能的开发是家庭教育的热点。本研究从家庭教育书籍出发，立足于家庭教育指导者的视角，针对家教书

---

① 本研究由2019年山西省研究生优秀创新计划项目资助，"山西省小学生家长家庭教育指导需求现状研究"（项目编号：2019SY347）的成果。
② 山西师范大学教育学专业2017级硕士研究生。

籍中智能教育指导内容，分析当前家教书籍的智能教育指导现状，以期推动家庭教育指导事业的良性发展，促进父母家庭教育素养与能力的提高，助力儿童的全面健康成长与成才。

一、研究设计

本研究采用林崇德等人《心理学大辞典》中智能的定义，即智能是智力和能力的总称，"智"指进行认识活动的心理特点，而智力亦可属于认知范畴；"能"指进行实际活动的心理特点，而能力亦可属于实践范畴[1]。结合研究实际，本研究认为智能教育是围绕儿童的智力和能力进行的有利于儿童身心发展的实践活动。家庭中的智能教育主要是围绕开发儿童智能展开的，内容包括扩大知识领域、发展智力才能、培养智力品质以及培养必要的技能技巧和解决问题的能力[2]121-123。

本研究以家庭教育书籍为分析单位，以2019年上半年主流购书网站上仍在流通的家庭教育书籍为调查对象，以"家教书籍""家庭教育"为搜索关键词，搜集家庭教育书籍的作者信息、书籍目录并进行研究。之所以选择通过主流购书网站搜集家庭教育书籍相关信息，是因为：第一，通过网络在线搜索，获得一手资料较为便捷且迅速；第二，在购书网站上，商家会把书籍的作者介绍、出版社、出版日期等信息进行详细展示，甚至会将书籍目录列到商品详情中；第三，市场自动具有一定的选择性，主流购书网站上流通的书籍具有一定的时代性和代表性。

本研究首先将家庭教育书籍的相关内容进行了预分类[2]121-123，然后将初步的预分类目录录入EpiData软件后生成初级的录入文档（因为此文档的表现形式与调查问卷极其相似，因此本研究称之为"伪问卷"，下文亦以"伪问卷"称之），分类维度见图1。接着，在搜集到的家庭教育书籍相关信息总库中，分别选取国内作者和国外作者的家庭教育书籍各10本进行试录入，并在此过程中收集录入文档中出现的各类型错误，包括程序生成的乱码、程序生成的显示不全问题以及初步分类的不足等各类型问题。继而，在收集到的错误和问题的基础上，对预分类进行调整，对程序进行代码排查。依此反复，直到"伪问卷"满足要求为止。编制"伪问卷"的流程图见图2。

在图书基本信息分类中，作者国别列入11个，作者职业背景列入23种，作者学科背景列入10种，图书出版社列入87个。这些分类均是在纵览所有文字资料之后所制定的，其中作者出书类型依据中国版本图书馆图书分类法进行分类，作者学科背景依据《中华人民共和国学科分类与代码国家标准》进行分类。在图书内容的分类中，总体分为家庭教育对象和智能教育内容两大模块,均依据叶立群的《家庭教育学》进行分类。

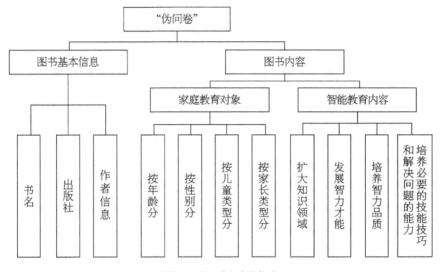

图1 "伪问卷"分类维度

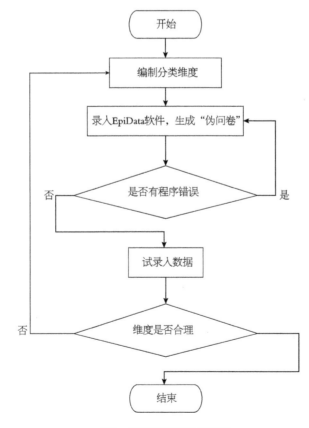

图2 编制"伪问卷"流程图

"伪问卷"编制完成后，重新在EpiData软件中进行数据的录入工作。数据录入完毕后，利用统计分析软件SPSS 19.0进行数据分析。

二、调查过程

根据已编制好的"伪问卷"，先进行数据的整理，再进行数据的录入工作。在图书基本信息的整理中，部分图书作者的国别信息不明确，但是会提到诸如"美国博士""美国教授"等字眼，因此将图书作者的国别归为"美国"。

在图书内容的家庭教育对象整理中，儿童年龄阶段的划分依据是直接描述儿童年龄的关键词以及间接表明儿童年龄的关键词，其中还包括多个阶段的复合关键词，见表1。

表1　儿童年龄阶段划分及关键词举例

儿童年龄阶段划分	直接性关键词举例	间接性关键词举例
0~3岁/婴儿	0~3岁、婴儿、新生儿、两岁	母乳喂养、如厕训练
4~6岁/学龄前儿童	5岁、4~6岁	幼儿园
7~12岁/小学生	10岁、小学、十几岁	二年级
13~16岁/初中生	15岁、初中、十几岁	青春期、初二
17~19岁/高中生	18岁、高中、十几岁	高考、高三
未提及	其他	其他

家长类型划分的整理依据见表2。

表2　家长类型划分的整理依据

家长类型划分	整理依据
父母	目录中同时提到父亲、母亲
父亲	目录中只提到父亲
母亲	目录中只提到母亲
祖辈	目录中提到祖辈

图书内容的智能教育内容分为四个部分：第一，扩大知识领域，主要搜集家庭教育书籍中注重各方面知识补充的内容；第二，发展智力才能，主要搜集家庭教育书籍中发展儿童观察力、注意力、记忆力、思维力、想象力、创造力等的内容；第三，培养智力品质，主要搜集家庭教育书籍中有关培养儿童观察事物的"全面、正确、深入、细致"，有关注意力的"专心致志、精神集中、稳定持久"，有关思维能力的"广阔、深刻、独立、灵活、逻辑、创新"等智力品质的内容；第四，培养必要的技能技巧和解决问题的能力，主要搜集家庭教育书籍中描述培养儿童技能技巧（如体育和艺术类技能）和解决问题的能力（如社会适应能力）等的内容。智能教育内容的整理划分依据见表3。

表3　智能教育内容划分依据

智能教育内容划分	心理情绪类关键词举例	行为动作类关键词举例
扩大知识领域	了解书籍的重要性	获得知识、学会理财
发展智力才能	发散思维、创新思维、想象力、独立思考	打破常规、多观察、解决未知问题
培养智力品质	专心致志、敏捷、准确、独立、灵活	学习习惯、现在就行动
培养必要的技能技巧和解决问题的能力	大脑开发、动脑	发生火灾怎么办、自己做主、舞蹈

依据各个分类维度下的关键词归类，在EpiData软件中进行"伪问卷"的填写。一本书对应一份"伪问卷"，直到所有书籍信息全部填写完毕，可导出SPSS数据文件。

三、结果与讨论

（一）智能教育内容与家教书籍基本信息的交叉统计

本次调查中共搜集家庭教育书籍样本210个，其中初步筛选样本量203个，可用率为97%，有效样本198个，有效率为94%。

1. 智能教育与出版社地域的交叉统计

地域的差异深刻影响了地区之间的经济[3]、文化[4]等的差异，教育差异又在各种因素的交织下愈渐凸显[5]。本研究依据中国人口分布地理分界线将出版社进行了地域划分。

本研究对出版社所属省份进行统计，如图3所示，出版家教书籍的出版社分布于20个省市，基本位于我国人口分布地理界线黑河—腾冲线以南。其中，分布于北京的出版社数量最多，占出版社总数的52%；其次是上海、湖北，各占总数的6%；吉林、黑龙江、浙江、广东各占总数的4%。

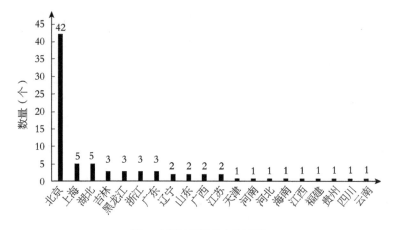

图3 出版社地域分布统计图

数据表明，黑河—腾冲线以南区域由于人口密度较大，家庭分布较多，该区域重视家庭教育的家庭也较多，所以家教书籍出版发行量较大；经济相对发达的地区较为重视家庭教育，分析认为原因在于经济水平较高的区域对于教育的投入较高[6]。另外，对于家庭教育这一在我国目前还处于初级发展阶段的教育领域来说，在一线城市如北京、上海，由于家长对于新兴文化的接受程度较高，因此更关注家庭教育。

2. 智能教育关键词频数与作者数量的交叉统计

表4数据显示，作者数量为1人的书籍中"发展智力才能"占比最高，而作者数量为2人、3人、4人的书籍中占比最高的也均是"发展智力才能"，分别是37%、44%、34%；作者数量为2人、3人的书籍中各项智能教育内容占比从高到低依次是"发展智力才能""培养必要的技能技巧和解决问题的能力""扩大知识领域""培养智力品质"；作者数量为4人的书籍相比其他书籍对"培养智力品质"较为重视。综上，不同作者数量的书籍关注的重点是一致的，均首要关注"发展智力才能"和"培养必要的技能技巧和解决问题的能力"，主要关注点在儿童能力的培养和锻炼上，这也响应了"中国学生发展核心素养"的要求。

表4　智能教育关键词频数与作者数量的交叉统计比率表

作者数量（人）	扩大知识领域占比（%）	发展智力才能占比（%）	培养智力品质占比（%）	培养必要的技能技巧和解决问题的能力占比（%）
1	24	33	16	27
2	18	37	13	32
3	11	44	11	34
4	0	34	33	33

3. 智能教育关键词频数与作者最高学位的交叉统计

由表5可知，最高学位为学士的作者在"发展智力才能"和"培养必要的技能技巧和解决问题的能力"两项的关键词频数均为36%，最高学位为硕士的作者在智能教育内容中最高占比为"发展智力才能"和"扩大知识领域"两项，最高学位为博士的作者在"发展智力才能"这一项占比最高。这表明不同最高学位的作者均在智能教育内容中的"发展智力才能"占比最高，说明不同最高学位的作者首要关注智能教育的"发展智力才能"方面。这说明不同最高学位的作者首先注重培养儿童的能力，也更加关注儿童的终身发展和适应未来社会的能力。

表5　智能教育关键词频数与作者最高学位的交叉统计比率表

最高学位	扩大知识领域占比（%）	发展智力才能占比（%）	培养智力品质占比（%）	培养必要的技能技巧和解决问题的能力占比（%）
学士	23	36	5	36
硕士	33	33	14	20
博士	23	39	11	27

4. 智能教育关键词频数与作者国别的交叉统计

由表6可知，横向比较来看，中国作者的书籍中"发展智力才能"占比最高，为33%，其次是"培养必要的技能技巧和解决问题的能力"，占比为26%；美国作者的书籍中"发展智力才能"占比最高，为40%，其次是"培养必要的技能技巧和解决问题的能力"，占比为31%；德国作者的书籍中"培养必要的技能技巧和解决问题的能力"占比最高，为40%，其余各项占比相同，均为20%；日本作者的书籍中"发展智力才能"与"培养必要的技能技巧和解决问题的能力"均占30%，占比最高；意大利作者的书籍中"培养必要的技能技巧和解决问题的能力"占比最高，为33%，其次是"发展智力才能"，占比为27%；其他国家作者的书籍中"发展智力才能"与"培养必要的技能技巧和解决问题的能力"均占33%，占比最高。数据表明，不同国家的作者首要关注"发展智力才能"与"培养必要的技能技巧和解决问题的能力"，可见不同国家的作者对儿童能力的培养均较为重视。

表6 智能教育关键词频数与作者国别的交叉统计比率表

国家	扩大知识领域占比（%）	发展智力才能占比（%）	培养智力品质占比（%）	培养必要的技能技巧和解决问题的能力占比（%）
中国	25	33	16	26
美国	21	40	8	31
德国	20	20	20	40
日本	20	30	20	30
意大利	20	27	20	33
其他国家	12	33	22	33

综上，本研究从家教书籍的作者数量、作者最高学位、作者国别三个角度分别与智能教育内容的各个维度进行了交叉统计。研究结果表明，从不同的角度来看，作者均首要关注儿童智力相关能力的培养。分析认为原因有以下几点：第一，授人以鱼不如授人以渔，智能教育中儿童相关能力的培养是最有益于儿童终身发展的部分；第二，与学校教育相比，对儿童智能相关能力如创造力、探索力、思维力等的培养，较为适合于儿童早期在家庭教育中进行；第三，21世纪初，随着欧盟"关于核心素养的建议案"与美国"共同核心州立标准"的相继提出，我国也于2014年正式发布"中国学生发展核心素养"，其共同目标均是为了本国儿童的终身发展和培养儿童适应未来社会的能力。因为"核心素养"这一培养目标对基础教育的影响，所以目前在我国市场上主要流通的家教书籍智能教育内容致力于为儿童适应未来社会做准备。

（二）智能教育内容与家教书籍基本信息的相关分析

1. 智能教育内容心理与行为的相关分析

由于样本量少，本研究将智能教育心理关键词频数与智能教育行为关键词频数转化为等级数据，进行了斯皮尔曼等级相关分析（Spearman Rank Correlation），分析结果如表7。

由表7可知，智能教育心理相关内容与智能教育行为相关内容的斯皮尔曼（Spearman）相关系数为0.263，是显著的，且家教书籍中智能教育心理相关内容与行为相关内容呈正向的弱相关。因此我们可知，家教书籍作者对智能教育的心理与行为内容关注趋势是一致的。

表7　智能教育中心理与行为等级斯皮尔曼（Spearman）相关分析结果

项目	相关系数	Sig.（双侧）	N
智能教育中心理的和等级	0.263**	0.000	198
智能教育中行为的和等级			

注：** 表示 $p<0.01$。

2.智能教育内容与性别的相关分析

本研究将作者性别、儿童性别分别与智能教育内容进行分析。首先认为智能教育内容总频数是具有正态性的，因此先对智能教育内容总频数数据进行正态化转换，再对其进行性别的独立样本t检验分析，结果如表8、表9所示。

由表8可知，F检验的 p 值为 $0.837>0.05$，则方差齐性；t检验的 p 值为 $0.153>0.05$，则说明智能教育内容总频数不因作者性别具有显著差异。因此可知，不同性别的作者对于家教书籍中的智能教育内容的关注度是同等的，家教书籍中的智能教育内容不会因为作者性别不同而有所差异。

表8　作者性别的独立样本t检验结果

F	Sig.	t	Sig.（双侧）
0.042	0.837	−1.439	0.153

由表9可知，F检验的 p 值为 $0.644>0.05$，则方差齐性；t检验的 p 值为 $0.135>0.05$，则说明智能教育内容总频数不因儿童性别具有显著差异。因此可知，家教书籍的作者对于

不同性别儿童的智能教育内容关注度是同等的，家教书籍中的智能教育内容不会因为儿童性别不同而有所差异。

表9　儿童性别的独立样本t检验结果

F	Sig.	t	Sig.（双侧）
0.221	0.644	1.571	0.135

综上，本研究从作者性别和儿童性别两个角度分别调查研究了性别对家教书籍中智能教育内容的影响，研究结果表明性别不会构成对家教书籍中智能教育的影响，没有体现出性别歧视现象。可见，我国当前家庭教育的智能教育内容不会因为性别不同而产生差异，教育性别平等也早已是我国家庭教育领域的主流观点，从侧面也反映了我国男女平等的社会风尚。分析原因有两点：第一，我国早在1995年就已将男女平等作为我国的一项基本国策[7]，随之男女教育平等的观念也在政府的提倡下逐渐深入人心；第二，中国在迅速发展，妇女的地位也在一步步提高，家庭中对于女孩未来的发展期望不亚于对男孩的，因此在家庭教育中家长对于不同性别儿童的智能教育同等重视。

但是本研究在最初搜集资料的过程中，也有注意到"主动示弱是女孩的武器""男孩穷养，女孩富养"等少量体现性别不平等的词句出现，可见我国家庭教育中仍旧存在教育性别不平等的观念，男女教育平等观念的全面深入任重而道远。

3. 智能教育内容与作者背景的相关分析

本研究将作者的学科背景、职业背景分别与智能教育内容进行分析。将教育学与心理学归类到教育相关学科背景，其他学科如管理学、文学等归类为非教育学学科背景，将智能教育内容总频数进行了学科背景的独立样本t检验，结果如表10所示。

由表10可知，F检验的p值为0.773>0.05，则方差齐性，说明符合独立样本t检验的条件；t检验的p值为0.443>0.05，则说明智能教育内容总频数不因作者的学科背景具有显著差异。因此可见，教育学科背景与非教育学科背景的作者对于家庭中智能教育关注是同等的，家教书籍的智能教育内容不会因为书籍作者的学科背景不同而有所差异。

表10　作者学科背景的独立样本t检验结果

F	Sig.	t	Sig.（双侧）
0.083	0.773	0.771	0.443

本研究将心理咨询师、教师、亲子教育专家、家庭治疗师等职业归类为教育相关职业背景，其他职业如记者、医生、图书编辑等归类为非教育职业背景，将智能教育内容总频数进行了职业背景的独立样本t检验，结果如表11所示。

由表11可知，F检验的p值为0.581>0.05，则方差齐性，说明符合独立样本t检验的条件；t检验的p值为0.277>0.05，则说明智能教育内容总频数不因作者的职业背景具有显著差异。因此可知，教育职业背景与非教育职业背景的作者对于家庭中智能教育关注是同等的，家教书籍的智能教育内容不会因为书籍作者的职业背景不同而有所差异。

表11　作者职业背景的独立样本t检验结果

F	Sig.	t	Sig.（双侧）
0.306	0.581	1.092	0.277

综上，本研究从家教书籍作者的学科背景和职业背景两个角度分别研究了不同背景的作者所著家教书籍中智能教育内容的差异，研究结果表明不论作者是否是教育专业相关背景，其对家庭教育中智能教育的关注是同等的，家教书籍中的智能教育内容也不会因为书籍作者的学科背景和职业背景不同而有所差异，这从侧面也反映出非教育学背景的父母也能够很好地在家庭教育当中进行智能教育。分析原因有两点：第一，我国的教育传统历来重视智能教育，因此众多家长会自发地在家庭教育中关注儿童的智能教育；第二，家庭教育虽然需要一定的教育学知识与心理学知识，但是家庭教育在实际中却主要是实践的过程，教育学相关背景的父母能够更好地进行家庭教育，而非教育学相关背景的父母也能够通过自学在家庭教育实践中良好地教育子女。

4. 智能教育内容在儿童不同年龄阶段的差异分析

本研究将儿童不同年龄阶段与智能教育内容进行了交叉统计后，将交叉统计数据进行了多重应答题整体分析的卡方检验，检验结果如表12所示。

由表12可知，$p=0.001<0.05$，说明目前市场上主要流通的家教书籍对不同年龄阶段的儿童的智能教育关注量是有显著差异的。从不同年龄阶段的频率来看，随着年龄的增长，家教书籍中对于儿童智能教育的关注逐渐减少，且减速逐渐加快，说明家教书籍作者更加关注儿童早期智能教育。

表12　儿童不同年龄阶段的独立样本t检验结果

不同年龄阶段	0~3岁	4~6岁	7~12岁	13~16岁	17~19岁	渐近显著性
频率	45	42	35	28	14	0.001

综上，本研究通过调查研究家教书籍中有关不同年龄阶段的儿童的智能教育内容，发现家庭教育当中的智能教育内容随着儿童年龄的增长逐步减少。分析原因有两点：第一，儿童早期是智能发育的关键期，家长通常希望抓住儿童智能发展的关键期培养儿童智能，因此在儿童早期的智能开发内容较多；第二，随着年龄的增长，儿童开始接受学校教育，学校教育逐渐占据儿童教育的主要位置，且学校教育主要是进行儿童的智能教育，因此家庭中的智能教育相关内容相应减少。

参考文献

[1] 林崇德, 杨治良, 黄希庭. 心理学大辞典[M]. 上海: 上海教育出版社, 2003: 1704.
[2] 邓佐君. 家庭教育学[M]. 福州: 福建教育出版社, 2015.
[3] 杨多贵, 刘开迪, 周志田. 我国南北地区经济发展差距及演变分析[J]. 中国科学院院刊, 2018(10): 1083-1092.
[4] 刘诗贵, 朱武振. 地域差异的主流价值文化认同[J]. 重庆社会科学, 2014(2): 62-68.
[5] 张英. 地域差异下基础教育之比较研究[J]. 教学与管理, 2009(30): 8-9.
[6] 申菊梅. 义务教育差距的量化研究[D]. 北京: 首都经济贸易大学, 2017.
[7] 温辉. 男女平等基本国策论略[J]. 法学杂志, 2011(1): 31-34.

幼儿性别恒常性发展与家庭性别教育开展现状研究

李　畅[①]

摘要： 相关研究表明幼儿从3岁开始进入性别恒常性发展阶段，开始有性别认知意识。影响学前儿童性别恒常性发展的因素主要包括：儿童认知发展水平、儿童所接受的教育、儿童家庭的社会经济地位以及社会文化背景。本文以笔者在实习幼儿园中随机挑选的20名3～4岁幼儿以及20名4～5.5岁幼儿为研究对象，对他们进行问卷调查并经过数据分析后，得出结论：20名3～4岁被试幼儿已基本达到性别认同水平，正在进入性别稳定性发展阶段；20名4～5.5岁被试幼儿则基本达到性别稳定性水平，正在进入性别一致性发展阶段。同时通过对40名被试幼儿家长的问卷分析发现，大部分家长能够以科学的态度为幼儿解答性别问题，并且能有意识地在家中开展家庭性别教育。

关键词： 家庭教育　性别恒常性　幼儿教育

一、国内外研究状况和相关领域中已有的研究成果

（一）相关概念的界定

1.性别

"性别"一词有生理性别（sex）和社会性别（gender）两种含义。生理性别是指男性和女性与生俱来就有的生理差别。而社会性别则指男性和女性在社会文化建构下所形成的性别特征和性别差异，也就是因社会文化形成的对两性差异的理解，以及在社会文化中形成的男性或女性群体固定的特征和行为方式[1]。

2.性别恒常性

科尔伯格认为性别恒常性是指儿童能够依据生理特征的永恒性来分辨性别，知道

---

① 北京明天幼稚集团教师。

生理性别不依赖于事物表象，它是不随人体外部特征的改变而改变的[2]45-51。

3.性别认同

性别认同包括生理性别认同和社会性别认同两层含义。生理性别认同是指个人对自我性别状态的认识、理解以及自我意识。社会性别认同也称为性别角色认同，是指个体认同自己所属的性别群体，并养成符合社会文化规定的该群体所具有的性格特征以及行为模式[3]。

4.性别稳定性

儿童一般在3~5岁阶段获得性别稳定性，在这一阶段中儿童能够意识到性别是稳定的，是不会随着时间的变化而改变的[4]。

5.性别一致性

儿童在5~7岁时进入性别一致性阶段，在这一阶段儿童认识到性别是一致的，它不会随着个体外部条件的改变而变化，同时掌握性别一致性也标志着儿童完全获得了性别恒常性[5]。

6.性别教育

性别教育是以社会文化为基础，通过有形和无形两种教育方法来潜移默化地影响受教育者形成性别观念、性别态度以及性别行为的过程[6]。

（二）学前儿童性别恒常性发展的影响因素

影响学前儿童性别恒常性发展的因素主要包括：儿童认知发展水平、儿童所接受的教育、儿童家庭的社会经济地位以及社会文化背景。

1.儿童认知发展水平

马库斯（Marcus）和奥弗顿（Overton）采用皮亚杰（Piaget）传统的连续性守恒任务和不连续性守恒任务来测量儿童认知水平的发展与儿童性别恒常性之间的关系。结果显示：儿童认知水平的发展先于性别恒常性的发展，儿童认知发展水平会影响儿童性别恒常性的发展[7]。

2.儿童所接受的教育

韦林（Warin）对10个4.5~7岁儿童的追踪研究显示：教育会影响儿童获得性别恒常性，具体表现为得到成人帮助和肯定的儿童会比没有得到成人帮助与肯定的儿童更早获得性别恒常性，此外研究还表明教育对女孩的影响作用要大于男孩[8]。

3.儿童家庭的社会经济地位

埃默里奇（Emmerich）等人以6岁和7岁家庭社会经济情况较差的儿童为研究对象，

结果显示在他们中间只有16%的6岁儿童和25%的7岁儿童掌握了性别恒常性，这一结果与多数研究得出的儿童在6~7岁已经掌握了性别恒常性的结论是有差异的[9]。

4.社会文化背景

霍兰德（Hollander）等人通过调查发现，在不同的社会文化背景下，儿童获得性别恒常性的年龄是不同的，这一发现与斯拉比（Slaby）和弗雷（Frey）认为的儿童在6~7岁时就会获得性别恒常性的结果不同，由此可见社会文化背景可能会影响儿童获得性别恒常性的年龄[2]45-51。

（三）学前儿童性别恒常性发展的差异性

国内学者的调查研究显示：3~6岁儿童在性别恒常性发展方面存在着明显的年龄差异，且儿童在不同的年龄阶段具有不同的表现。总体来讲，儿童在3~4岁处于性别认同阶段，在此阶段中只有6.7%的儿童能够具有性别恒常性；4~5岁的儿童则进入性别稳定性发展阶段，在此阶段中有3.3%的4岁儿童和16.7%的5岁儿童获得了性别恒常性；而当儿童5~6岁时则有53.3%的儿童能够获得性别恒常性，且无论儿童处于哪一阶段，研究都显示性别不会影响儿童性别恒常性的发展[10]。

（四）小结

综合相关文献可以发现，幼儿从3岁开始进入性别恒常性发展阶段，在3~4岁时幼儿主要处于性别恒常性发展中的性别认同阶段，在4~5.5岁时幼儿进入性别恒常性发展中的性别稳定性阶段和性别一致性阶段。研究显示教育是影响学前儿童性别恒常性发展的因素之一，但目前对幼儿家庭性别教育的开展情况研究较少，本研究将针对这一问题进行初步探索。

二、研究目的和研究内容

（一）研究目的

本研究意在了解3~5.5岁幼儿性别恒常性发展的水平及幼儿家长开展家庭性别教育的情况，并根据研究结果提出相应的意见与建议，以帮助家长更好地开展性别教育，并希望能够以此提高家长对家庭性别教育的重视程度，促进幼儿性别恒常性更好地发展。

（二）研究内容

调查研究被试幼儿的性别恒常性发展水平，即被试幼儿的性别认同发展水平、性别稳定性发展水平以及性别一致性发展水平。同时，调查研究被试幼儿家长开展家庭性别教育的情况。

三、研究方法

(一)研究对象的选取

相关文献显示,幼儿在3～5岁阶段获得性别稳定性。结合幼儿园幼儿的年龄情况,本研究选取了20名3～4岁幼儿(以X1～X20编号)、20名4～5.5岁幼儿(以Z1～Z20编号)以及40名被试幼儿家长(以XJ1～XJ20、ZJ1～ZJ20编号)作为研究对象,研究对象共计80人。

(二)收集和处理资料的方法

本研究借鉴埃默里奇(Emmerich)等人的方法采用图片进行研究[11],问卷中共为幼儿提供12张图片,分别是正常服饰发型的男孩、女孩各3张,用来测试幼儿性别认同、性别稳定性及性别一致性;女孩穿男孩衣服、女孩留男孩发型、女孩既穿男孩衣服又留男孩发型的图片各1张和男孩穿女孩衣服、男孩留女孩发型、男孩既穿女孩衣服又留女孩发型的图片各1张,用来测试幼儿性别一致性。

问卷共16题,第1～3题为性别认同测试题(总分3分)、第4～6题为性别稳定性测试题(总分3分)、第7～16题为性别一致性测试题(总分10分),每题1分,本问卷共计16分,幼儿回答正确得1分,答错或回答不知道、不确定不得分。笔者对幼儿问卷按照幼儿直接回答和幼儿在追问原因后回答这两种不同的情况进行数据统计与分析。以幼儿直接回答进行统计是指在统计数据时仅依据幼儿初次回答所选答案,即只要幼儿选择的答案正确就算回答正确,即可得1分。而以幼儿在追问原因后回答进行统计则是指在统计数据时以幼儿在初次回答后被追问原因时所说的答案为参考标准,即只有幼儿在追问后能够正确说出选择原因才可算回答正确,可得1分;若幼儿在追问后不能正确说出选择原因或幼儿在追问后变更答案则都算回答错误,不能得分。采用这两种不同的统计方式,是因为这样可以更加直观地看出幼儿在回答测试题时是仅凭感觉来作答,还是真正具有了性别意识,以此对幼儿性别恒常性发展水平可以做出更准确的判断。

在本研究中笔者自编问卷对40名被试幼儿家长进行调查,因儿童所接受的教育、儿童家庭的社会经济地位以及社会文化背景会影响幼儿性别恒常性的发展,因此自编问卷包括家长基本信息(第1～4题)、家长对性别教育的认知程度(第5～6题)、家长对开展家庭性别教育的态度(第7～8题)以及家庭性别教育内容(第9～11题)这四个方面。问卷于发放后第二天全部回收并进行分析。

四、研究数据分析

(一)3~5.5岁幼儿性别认同发展水平分析

在将40名被试幼儿按照年龄分组来进行统计后,我们由表1可以看出,在以幼儿直接回答为标准统计时有19名3~4岁被试幼儿在进行性别认同测试时全部答题正确;而通过表2可以发现,在以幼儿被追问原因后回答为标准进行统计时有15名3~4岁的被试幼儿全部回答正确,总体答题正确率为85%。这一数据基本可以说明大部分3~4岁被试幼儿已经进入性别认同发展阶段。

表1 不同年龄被试幼儿性别认同测试题数据统计(以幼儿直接回答为标准)

年龄(岁)	得分人数(人)				平均分(分)	正确率(%)
	3分	2分	1分	0分		
3 ~ 4	19	1	0	0	2.95	98.3
4 ~ 5.5	20	0	0	0	3.00	100.0

表2 不同年龄被试幼儿性别认同测试题数据统计(以幼儿被追问原因后回答为标准)

年龄(岁)	得分人数(人)				平均分(分)	正确率(%)
	3分	2分	1分	0分		
3 ~ 4	15	1	4	0	2.55	85.0
4 ~ 5.5	20	0	0	0	3.00	100.0

由表1和表2可以很明显地看出,4~5.5岁的被试幼儿无论是以幼儿直接回答为标准进行统计还是以幼儿被追问原因后回答为标准进行统计,他们在回答性别认同测试题时的答题正确率均为100%,由此可见参加测试的20名4~5.5岁被试幼儿已经完全进入性别认同阶段。

(二)3~5.5岁幼儿性别稳定性发展水平分析

由表3可以看出,在以幼儿直接回答为标准进行统计时有16名3~4岁被试幼儿得满分,答题正确率为88.3%;而在表4中则可以看到共有13名3~4岁被试幼儿得满分,2人没有得分,答题正确率也降为73.3%。经过分析后发现在以3~4岁幼儿被追问原因后回答为标准统计时:有2名被试幼儿无法说出图示幼儿长大后是成为妈妈还是成为爸爸的真正原因、3人不能明确说出选择原因、1人选错、1人表示"我没看见过他/她"而无法进行判断,所以这7人未能得满分。此外,在20名3~4岁被试幼儿中还有3名幼儿选错自己长大后的性别,其中被试幼儿X10在回答这一问题时说:"我2岁的时候是男孩,我是从男孩变成女孩然后长大又成男孩的。"通过X10的回答,我们可以很直观地看出部分3~4岁被试幼儿还没有进入性别稳定性阶段,他们可能还不能完全认识到性别是不会随时间而变化的。

表3 不同年龄被试幼儿性别稳定性测试题数据统计(以幼儿直接回答为标准)

年龄(岁)	得分人数(人)				平均分(分)	正确率(%)
	3分	2分	1分	0分		
3 ~ 4	16	2	1	1	2.65	88.3
4 ~ 5.5	19	1	0	0	2.95	98.3

表4 不同年龄被试幼儿性别稳定性测试题数据统计(以幼儿被追问原因后回答为标准)

年龄(岁)	得分人数(人)				平均分(分)	正确率(%)
	3分	2分	1分	0分		
3 ~ 4	13	0	5	2	2.20	73.3
4 ~ 5.5	16	3	1	0	2.75	91.7

由表3和表4可以看出,在以幼儿直接回答为标准统计时有19名4~5.5岁的被试幼儿得满分,答题正确率为98.3%;而在以幼儿被追问原因后回答为标准统计时则仅有16名4~5.5岁的被试幼儿得满分,答题正确率也比前者下降了6.6%。这是因为在测试中有3名被试幼儿不能说出图示小女孩长大后当妈妈的真正原因,还有1名被试幼儿表示"我看不到那时的自己就不知道"而没有回答长大后自己是什么性别这道题,所以这4人未能得满分。

依据以上统计结果,可以推出20名3~4岁被试幼儿已基本进入性别稳定性发展阶段,而20名4~5.5岁被试幼儿则已基本达到性别稳定性水平。

(三)3~5.5岁幼儿性别一致性发展水平分析

在将40名被试幼儿按照年龄分组来进行统计后,由表5和表6可以发现,无论是以幼儿直接回答为标准进行统计还是以幼儿被追问原因后回答为标准进行统计，4~5.5岁被试幼儿性别一致性测试题的平均分与答题正确率均高于3~4岁被试幼儿。

表5　不同年龄被试幼儿性别一致性测试题数据统计（以幼儿直接回答为标准）

年龄（岁）	得分人数（人）								平均分（分）	正确率（%）
	7分	6分	5分	4分	3分	2分	1分	0分		
3 ~ 4	3	5	5	2	3	0	2	0	4.75	47.5
4 ~ 5.5	3	6	5	3	3	0	0	0	5.15	51.5

表6　不同年龄被试幼儿性别一致性测试题数据统计（以幼儿被追问原因后回答为标准）

年龄（岁）	得分人数（人）								平均分（分）	正确率（%）
	7分	6分	5分	4分	3分	2分	1分	0分		
3 ~ 4	0	1	0	1	3	7	4	4	1.85	18.5
4 ~ 5.5	3	1	3	1	0	5	3	4	2.95	29.5

20名3~4岁被试幼儿在回答第7~10题时仅被试幼儿X14意识到性别是没有办法改变的，他回答道："我没有办法变成小女孩，因为我本来就不是小女孩。"其余19名被试幼儿或不能明确说出无法改变性别的原因，或在追问后变更答案。而在20名4~5.5岁被试幼儿中有7名幼儿已经意识到性别是不随个体外部条件的改变而改变的。比如被试幼儿Z14在回答"你觉得你能变成小女孩吗"这一问题时，说道："本来就变不了，就算留长头发、穿红黄相间的裙子也是男孩，无论怎么装饰都不行。"同样地，被试幼儿Z2在回答"你觉得你能变成小男孩吗"和"这个小朋友能变成小女孩吗"这两题时分别回答："生出来是什么性别就是什么性别，如果头发短了穿着男孩的衣服，也只是像男孩，但还是女孩。""小男孩不能变成小女孩。小男孩不能穿裙子，如果他穿了就会被别人说，但他还是小男孩。"此外，在对40名被试幼儿测试问卷第7~10题时，我还发现与3~4岁被试幼儿相比，4~5.5岁的部分被试幼儿已经能够明确说出"没人会魔法，魔术是假的"这种语句。比如被试幼儿Z15在回答第7题"你觉得你能变成小女孩吗"时就说："因为世界上没人会魔法，所以不能变成小女孩。"同样地，被试幼儿Z18在回答第7题时也说道："买魔法棒可以变，但其实魔法是

假的，是骗人的。"他们这种对魔法的认知与3~4岁被试幼儿截然不同，在3~4岁被试幼儿的世界里，他们认为魔法是真实存在的，并且是可以用来改变性别的，比如被试幼儿X19在回答第7题时就说："穿裙子也不能变成女孩，只有魔法才可以把我变成女孩，我吃一颗带魔法的糖就变成女孩了。"

在回答问卷第11~16题时，调研发现多数3~4岁被试幼儿在追问后变更了答案，而在4~5.5岁被试幼儿中仅有8人在追问后更改了对图示幼儿的性别判断，绝大部分幼儿可以在被追问后保持答案的一致性并能够说出合理的理由，因此在以幼儿被追问原因后回答为标准统计时4~5.5岁的被试幼儿得分较高。为了探究这一原因，我对40名被试幼儿第11~16题的回答进行了详细统计，发现与3~4岁被试幼儿不同，多数4~5.5岁的被试幼儿已经有了"穿裙子的不一定就是女孩，男孩也可以穿裙子，女孩也可以不穿裙子。短头发的不一定就是男孩，女孩也可以留短发，男孩也可以留长发"的意识，这种意识可能是幼儿从家长处得来的，如被试幼儿Z8在回答第14题时说："本来是男孩，穿了裙子后还是男孩，我爸爸在家试给我看了，男孩也可以穿裙子，不过要被说难看。"也有可能是幼儿在生活中通过观察而自己总结的，比如被试幼儿Z14在回答第15题时说："小女孩也可以不穿裙子，我们班就有些女孩不穿裙子。"而这种更加全面的性别意识就保证了绝大多数4~5.5岁的被试幼儿能够在追问下仍然保持答案的一致性。

儿童认知发展水平会影响性别恒常性发展，3岁时幼儿认为性别不是守恒的，到5岁时幼儿开始意识到性别是守恒的[12]。从上述分析中也可以看出，4~5.5岁被试幼儿可以掌握与理解一些3~4岁被试幼儿还不能清楚明白的事情，比如能够比较清楚地知道魔法的本质，也可以理解和观察到更加全面的有关性别的现象，这些都是帮助他们在性别一致性测试时取得更好成绩的原因。由此可见，幼儿的认知水平可能会对他们性别恒常性的发展产生影响，通常应该是幼儿具有越高的认知发展水平，其性别恒常性就发展得越好。

（四）家长问卷分析

1.家长对幼儿性别恒常性发展状况的认知

在对回收的40份问卷进行数据统计后发现，所有参与调查的家长均认为自己的孩子能够正确分清自己的性别，并且有27位家长认为自己的孩子知道性别是不变的，但在对40名被试幼儿进行性别稳定性以及性别一致性测试时，仅有6人知道自己的性别是不随年龄和外部条件改变的。由此可见大部分家长并不了解自己孩子性别恒常性的实际发展水平。

2.家长对幼儿性别教育所持态度及教育现状

在40名参与问卷调查的家长中,有18人表示曾经被幼儿问过有关性别方面的问题,其中有8人被问到"为什么男孩站着尿尿,女孩蹲着尿尿",有3人被问到"男孩和女孩穿衣和外貌有什么不同",其中1名家长还曾经和幼儿一起探讨过"男性和女性外貌的区别,以及卫生间为什么要分男女和怎么区分"的问题,另有7名家长没有写出幼儿问的具体性别问题。同时在这18名家长中有15名能够以认真、科学的态度来解答幼儿提出的性别问题,另有3名幼儿家长在幼儿问到性别问题时选择以敷衍了事的态度解决。除此以外,在调查中有18名家长表示虽然没有被幼儿问过有关性别方面的问题,但他们愿意在今后以认真、科学的态度来解答幼儿可能会提出的问题,另有4名家长表示会在以后幼儿问到此类问题时以敷衍了事的态度解答。

经过统计40名家长的问卷,发现有24名家长会有意识地对幼儿进行性别教育,其中有18名家长详细地填写了性别教育的内容,经分析发现家长较多地会在家中对幼儿进行自我保护、自我认识、男女区别以及相关性格培养这几个方面的教育。值得注意的是,经过统计后发现在20名被试男孩家长中有8人(占被试男孩家长总数40%)在家对幼儿进行了如"男孩有小鸡鸡,所以要保护女孩,要勇敢,要有担当、负责任"的性别教育。在20名被试女孩家长中有10人(占被试女孩家长总数50%)会在家中有意识地对幼儿进行如"男女有别,宝宝不能让别人触摸内衣覆盖的地方"这类的自我保护教育。从被试男、女孩家长对幼儿进行性别教育侧重点上的不同可以看出:不同性别幼儿的家长在幼儿成长过程中关注的性别教育重点是不尽相同的。

五、结论

(一)3~5.5岁被试幼儿性别恒常性发展水平

通过对40名被试幼儿的调查问卷进行分析后,我认为可依据所得数据推断出:20名3~4岁被试幼儿已基本达到性别认同水平,正在进入性别稳定性发展阶段;20名4~5.5岁被试幼儿已基本达到性别稳定性水平,正在进入性别一致性发展阶段。

这两个结论与科尔伯格划分的儿童性别恒常性发展三阶段基本吻合,此外也体现了幼儿性别恒常性的发展具有明显的年龄差异,并且儿童在不同的年龄阶段具有不同的表现。

(二)被试幼儿家长家庭性别教育开展情况

通过对40名被试幼儿家长的问卷分析可以看出:在新时代下,已经有大部分家长能够以科学的态度来为幼儿解答性别问题，并且能有意识地在家中开展家庭性别教育。

但是，在欣喜的同时，我们也应看到：虽然与过去相比，现在年轻的父母能够以更加开放的心态来与幼儿共同探讨性别问题，但多集中在自我保护、自我认识、男女区别以及相关性格培养等方面，对如性别角色和性别偏好等方面则几乎没有涉及。因此要想更好地支持和鼓励家长在家开展家庭性别教育，还需要幼儿园或专业机构给予家长们更多和更全面的相关知识，扩大家长的知识面，帮助家长树立正确、科学、健康的性别意识，进而让幼儿家长重视家庭性别教育，让幼儿在家庭中接受和了解到正确的性别知识，促进他们更好地成长。

参考文献

[1] 刘博宇，陈利. 关于性别角色认同研究的深层思考[J]. 辽宁师范大学学报（社会科学版），2004(6)：60-62.

[2] 范珍桃，方富熹. 儿童性别恒常性发展[J]. 心理科学进展，2004(1).

[3] 李艳丽. 关于幼儿性别认同教育的研究[J]. 湖北广播电视大学学报，2012(12)：141-142.

[4] 张宏. 3—6岁儿童性别恒常性发展及性别教育研究[D]. 石家庄：河北师范大学，2011.

[5] 范珍桃，方富熹. 学前儿童性别恒常性的发展[J]. 心理学报，2006(1)：63-69.

[6] 丛中笑. 浅析现代幼儿性别教育的基本问题[J]. 中华女子学院学报，2005(4)：74-79.

[7] D E Marcus，W F Overton. The development of Cognitive Gender Constancy and Sex Role Preferences[J]. Child Development，1978(2)：434.

[8] Warin J. The Attainment of Self-Consistency Through Gender in Young Children[J]. Sex Role，2000(42)：209-231.

[9] Emmerich W，Goldman KS，Kirsh B，Sharabany R. Evidence for a Transitional Phase in the Development of Gender Constancy[J]. Child Development，1977(3)：930-936.

[10] 刘青青. 儿童性别恒常性与性别偏好发展的研究综述[J]. 少年儿童研究，2012(4)：7-10.

[11] 李幼穗. 儿童社会性发展及其培养[M]. 上海：华东师范大学出版社，2004：316-319.

[12] 罗润生. 幼儿性别心理发展及其教育初探[J]. 江西教育科研，1993(3)：53-56.

第四章

家校社共育

小组工作介入对村镇小学生亲子冲突的影响研究——基于儿童权利的视角

王 远[①]

摘要：本研究基于儿童权利的视角，以江苏省句容市宝华镇的某村镇小学为调查研究地点，选取四年级至六年级的儿童及其家长为调查研究对象，以家长及儿童对待儿童权利的各种态度、日常生活中的各种亲子冲突为研究内容，采用《儿童权利和亲子冲突问卷》分别对小学生及家长进行了问卷调查。调查发现，亲子双方的权利认知及权利意识处于一般水平，并且存在儿童权利视角下的亲子冲突，这种冲突如若得不到妥善处理，容易导致亲子关系紧张，影响家庭和睦。因此，家长尊重儿童权利，儿童更好地在不同情境下合理理解自己的权利，避免亲子冲突升级，缓解儿童权利视角下的亲子冲突至为重要。

关键词：儿童 权利 亲子冲突 小组工作

一、绪论

（一）研究的背景与目的

儿童的权利地位一直以来都处于相对缺失状态，具体表现在以下三个方面：第一，从儿童的社会地位上看，体现在其主体地位的缺失；第二，从权利保护的深度上看，体现在社会、家庭、儿童自身的权利保护意识普遍不强；第三，从法律保护层面上看，体现在执行的不到位。随着社会的发展，人们的权利保护意识在不断增强。家长也更加注重儿童独立意识的培养，儿童对父母的单向服从在不断减弱。因此，在这种权利意识的转变下，儿童自由表达的意愿越来越强，家长与儿童在一些事务上的分歧越来越多，亲子冲突在家庭中也时常出现。而社会工作是以利他主义价值观为指导，以科学的知识为基础，运用科学方法助人的服务活动，它旨在帮助社会上的弱势群体预防和解决部分因经

---

① 中华女子学院儿童教育专业2019级硕士研究生，现为江苏省南京市鼓楼区社区工作者。

济困难或不良生活方式而造成的社会问题。

基于上述原因，本研究主要依据《儿童权利公约》（以下简称《公约》）中规定的儿童四项基本权利[1]，以江苏省句容市宝华镇的某村镇小学为研究地点，选取该小学四年级至六年级的儿童及其家长为研究对象，调查分析家长及儿童对待儿童权利的各种态度、在日常生活中的各种亲子冲突，并且思考如何从社会工作的角度提高亲子双方关于儿童权利的认知，缓解亲子冲突，避免冲突升级。

（二）概念界定

1.儿童权利

本研究采用《公约》中界定的儿童四大基本权利，即生存权、发展权、受保护权、参与权。《公约》于1989年11月20日在第44届联合国大会上通过，并向成员国开放签署，1990年9月2日正式生效。1991年8月29日，我国签署了该《公约》。

2.儿童

《公约》将"儿童"界定为18岁以下人群。因调查研究需要，本研究中的儿童，特指小学阶段四年级至六年级的儿童。

3.小组工作

小组工作是指在社会工作者的协助下，通过小组成员之间有目的的互动互助，使参加小组的个体获得行为的改变、社会功能的恢复和发展的工作方法。

4.亲子冲突

亲子冲突，准确一些应该是一组行为，是一方因为某件事发起的在双方的交往中引发的各种反应[2]。尚茨（Schantz）认为亲子冲突是一个双向的人际互动事件，包括亲子间过度的行为对立，如争吵、争辩、不一致。要想准确判断亲子冲突，我们先得明确它的概念。孟育群认为亲子之间的关系是一种相互的关系，当双方都处于对立进攻状态时就会导致关系的平衡被打破，那么，反映在亲子间的关系上就是亲子冲突[3]。还有其他学者从血缘关系的联系判断它是否影响亲子关系[4]。

本研究认为亲子冲突的本质并不敌对，它可能以激烈的形式表现出来，但它的性质不是"斗争"，而是"亲""子"间观点、原则等"分歧"的外显表现。

本研究将亲子冲突的年龄范畴放在小学四年级至六年级这个阶段，因为四年级至六年级的儿童正处于向少年期发展的阶段，他们的心理需求发生改变，也越来越追求个体独立，这种改变开始造成亲子冲突时有发生。亲子冲突问题的解决质量与儿童的成长和发展关系甚密。

（三）儿童权利视角下的亲子冲突

影响亲子冲突的因素主要有个体心理因素、家庭因素、社会文化因素，本文着重探讨家长与儿童因权利认知差异造成的亲子冲突。

法律规定，每一个人都是一个独立的个体，都有属于自己的地位和权利。但是，在儿童权利保护视角下看家庭教育时，会发现"家长制"和"成人本位"的存在，这影响着家长对待儿童的态度和观点，这也导致家长的教育方式、内容存在偏差。在家庭教育中，当孩子和父母产生分歧时，父母经常会摆出成人姿态，用长辈的权威压制孩子。在大多数父母的眼中，孩子是年幼的，他们经历少，不懂事，很多道理都不明白，不能做出正确的判断，他们需要父母为他们做出正确的选择与判断。但是，人一出生就是独立的个体，这句话放在孩子身上也同样适用。孩子在成长过程中会形成他们自己的人生观、价值观以及对待某些事情的看法与见解，他们有权在对他们有影响和有关联的事情上发出自己的声音。孩子对父母在一些事情上的不满与反抗有时是在为自己的权利做出争取。当亲子双方对一件事不能达成统一，有不同的安排时，他们之间的冲突往往是不可避免的。

尚茨（Schantz）将亲子冲突分为五个阶段，分别是：零阶段，因为某件事而发生的争吵及要求；阶段一，由亲子一方公开表示开始对立；阶段二，对于对立的应对方式不同造成两种结果，要么一方妥协使冲突消失，要么表示反抗使冲突升级为亲子双方的对立；阶段三，因双方的冲突策略，而导致各种冲突发展走向；阶段四，冲突的结束，冲突事件的解决或者亲子一方的退出[5]。

我国学者认为，亲子冲突的临床表现有以下两种。

第一，责任感。很多家长常常对孩子表现出一些过度的责任感，家长出于为孩子好的角度，并不考虑孩子的意见和想法，单方面代替孩子做决定，这有时候并不能完全被孩子接受。

第二，亲子一体感。由于传统文化的影响，中国的家长在孩子小的时候常常将孩子看作自己的"所有物"，他们不能完全地将孩子和自己分开，视为不同的个体。他们经常把自己的感觉和想法强加在孩子的身上，自己觉得好的就会认为孩子也会觉得好，并不考虑孩子接不接受。在儿童权利蓬勃发展的情况下，在孩子对个体独立的不断追求下，这样很容易会造成亲子冲突[6]。

由国内外研究可见，家长对儿童权利的意识与认知尚处于一般水平，社会文化和家庭因素影响了亲子双方对儿童权利的认知与态度，造成了他们权利认同的差异，这些都与亲子在家庭生活中的冲突有着不可分割的关系。

（四）理论基础

1.平权理论

费孝通先生在其所著的《乡土中国》里提到"时势权力"，这是一种在社会激烈的变迁中产生的权力[7]。家庭相当于一个微观社会，它是由不同家庭成员组成的，在家庭内部，家庭中的权力往往呈现出"守恒"的特征。在平权的家庭语境下，家庭内部的日常权威发生了变化，这有助于增加亲子互动，丰富亲子交往的内涵。随着儿童权利的不断提倡，父母也更加注重孩子独立意识的培养，孩子对父母的单向服从在不断减弱。因此，在这种转变下，儿童自由表达的意愿也越来越强，"平权"在外部社会环境和家庭内部权利的改变下不断发展，在笔者看来，"平权"也是一种能够有效促使家长尊重儿童权利，缓解亲子冲突，维和亲子关系的理想状态。

2. PAC人格结构分析理论

PAC人格结构分析理论把个人划分为以下三种状态。

第一，家长（Parent）状态。这是一种以权威和优越感为标志，站在保护性、指导性、养育性、批评性、教育性的心理立场上的状态。第二，成人（Adult）状态。这是一种以理智和稳重为标志，站在理性、客观、求实、平等的心理立场上的状态。第三，儿童（Child）状态。这是一种以被感觉和情感左右为标志，站在情感性、自发性、依赖性、创造性的心理立场上的状态[8]。

本研究在儿童权利的视角下，认为由于儿童权利观的影响，家长与孩子产生低阶段冲突，冲突的解决质量影响儿童的成长和发展。PAC人格结构分析理论帮助家长和孩子进行人格结构分析，会更好地帮助家长和孩子找到亲子冲突缓解的策略，避免亲子冲突的升级。社会工作者在介入服务的小组活动中可以运用这个理论设计活动，寻找缓解亲子冲突的策略，帮助避免亲子冲突的升级，提高亲子冲突问题解决的质量。

（五）小结

在农村地区，按照国家规定，基层政府应当给儿童提供优良的文化氛围，在农村开展文化建设，但是因为多方面的原因，很多农村在给儿童提供优良文化氛围方面做得不足。没有好的文化设施和精神娱乐场所，再加上大部分儿童年纪比较小、阅读能力有限，他们只能用看电视、玩手机来排解精神生活的枯燥，但是，家长并不希望看到孩子大部分休闲时间在看电视、玩游戏，所以在这些方面很容易造成亲子冲突。

提升村镇家长及儿童的权利认知，使家长和儿童在不同情境下正确理解儿童的权利，避免由此引起的亲子冲突，是社会工作者应该关注和努力解决的问题。社会工作者有必要细致地了解现阶段村镇家长和孩子是如何看待儿童权利的，他们都存在哪些方面的冲突，并且研究思考如何从社会工作的角度提高亲子双方关于儿童权利的认知，缓解亲子冲突。本研究通过问卷调查可以帮助社会工作者了解亲子双方在儿童权利认知上存在的差异，了解他们因为这些差异造成的冲突有哪些方面，为之后的实务工作做准备。在实务过程中和亲子双方面对面接触，观察分析他们的生活细节，可以更好地帮助社会工作者了解他们关于儿童权利的理解、权利认同的差异、亲子冲突的具体问题，为之后社会工作者不断介入亲子在各方面的冲突提供指导。

基于此，本研究决定用问卷调查法了解江苏省句容市宝华镇某村镇小学四年级至六年级家长及儿童对待各项儿童权利的态度、亲子在日常生活中的冲突现状。然后用访谈法了解家长及儿童在儿童权利及亲子冲突方面的需求。最后通过小组工作招募有意愿的儿童与家长，以提升村镇亲子双方关于儿童权利的认识、缓解亲子冲突、避免亲子冲突升级为目标设计小组活动。活动结束后，通过后测评估小组活动效果，在效果评估的基础上提出有效的建议。

二、研究方法

（一）资料收集方法

1.问卷调查法

本研究问卷包括对家长的问卷《儿童权利和亲子冲突家长问卷》及对儿童的问卷《儿童权利和亲子冲突儿童问卷》，研究采用李秀芬在《亲子双方对儿童权利的认同差异及其与亲子冲突的关系研究》中编制的问卷[9]。该问卷参考前人研究以及方晓义、张锦涛、刘钊编制的《青少年亲子冲突问卷》制成，这部分问卷主要调查亲子双方关于权利认知的差异存在于哪些方面[10]。研究在测量亲子双方冲突频率时，采用莫斯（Moss）等人编制的《家庭环境量表》八因素问卷[11]。

问卷采用5点记分的方式统计被调查者对各项权利的赞同程度。对家长在生活中关于各项权利相关的问题实施表现情况同样采用了5点记分的方式。为了方便家长进行对照，关于儿童的生存权、发展权、受保护权、参与权都在选项中进行了详细描述，具体如下。

生存权：父母在孩子生活上充分照料；给予孩子情感上的温暖和支持。

发展权：孩子有接受一切形式的教育的权利；选择交友对象的权利；安排娱乐活动和时间的权利。

受保护权：家长不应嘲笑孩子的缺点，不应打骂孩子，另外重点突出隐私权，隐私权包括三个维度——孩子有保留隐私的权利,家长进孩子的房间需要敲门,不能随便翻看孩子的东西。

参与权:家长给予孩子发表意见的自由;和孩子相关的事情,认真听孩子的看法,双方商量决定;对于孩子自己的物品,孩子能够自由处理。另外,在决策方面把参与权划分成四个不同的层次——家长决定、孩子参与讨论但家长决定、亲子双方商量决定、家长参与提供建议但孩子自己决定。

莫斯(Moss)等人编制的《家庭环境量表》八因素问卷,它测量的亲子冲突主要有八个方面:学业、做家务、朋友、花钱、日常生活安排、外表、家庭关系和隐私。这个量表主要衡量亲子冲突的频率,此量表在调查亲子冲突方面具有较高信度和效度,被国内外学者广泛使用。

2.访谈法

本研究在小组工作介入前对家长进行访谈,依据就近原则选取距离较近且不同年级儿童的家长进行。通过访谈了解家长现阶段的儿童权利认知水平、家长对儿童权利认同的现状、亲子冲突的集中表现等情况。通过分析访谈内容,结合问卷调查分析设计小组活动方案。

(二)实务工作方法

本研究采用刘梦在《小组工作》一书中对于小组工作的定义:小组工作是社会工作的工作方法之一,它在小组工作者的带领下,通过组员间的互相支持、充分互动和分享,激发组员的潜能,改善组员的态度、行为,提升他们的社会功能性,解决个人、群体、社区和社会问题,促进个人、小组和社区的成长和发展,实现社会和谐、公正、公平发展[12]。小组工作是由工作者与组员一同参与,他们在小组中会发生多方面的互动,通过这些互动促进组员多方面成长。

本研究运用小组工作的方法进行介入,目的是把家长和孩子凝聚在一起,通过小组活动影响村镇家长及儿童正确认识儿童权利,缓解基于儿童权利视角下的亲子冲突。按照就近原则在宝华镇某村招募3对四年级至六年级的儿童及其家长参加"亲子学习小组",循序渐进地开展5次小组活动,每周一次。其中招募的儿童及其家长同时符合这些条件:儿童是四年级至六年级学生;家长及儿童在儿童权利认知方面存在差异及困惑;存在关于儿童权利认知方面的亲子冲突。

小组活动结束后,通过问卷进行后测,将后测的数据与问卷调查数据进行对比,评估小组工作的效果并提出有效的建议。

三、问卷调查分析

(一)问卷样本信息

　　问卷发放给江苏省句容市宝华镇某村镇小学四年级至六年级儿童的家长和儿童本人分别进行填答。儿童问卷涉及小学四年级学生20人、五年级学生30人、六年级学生33人,三个年级的学生合计83人。通过学校教师借助学校早读时间,分别给四年级至六年级学生发放问卷,请各个年级的学生根据自己的实际情况认真进行填答。回收的83份问卷都是有效问卷。家长问卷是用问卷星设计完成的,通过四年级至六年级的班主任发放到班级群中,邀请家长进行填答。由于家长群里有的学生父母双方都在群里,因此,家长问卷回收了107份。有效问卷107份,回收率100%。

(二)问卷调查结果

　　通过对问卷进行分析,本研究发现,从儿童权利的视角来看,在儿童的四项权利中,在参与权、发展权和受保护权方面均存在一定的亲子冲突,在生存权方面未存在明显冲突。(见图1和图2)。

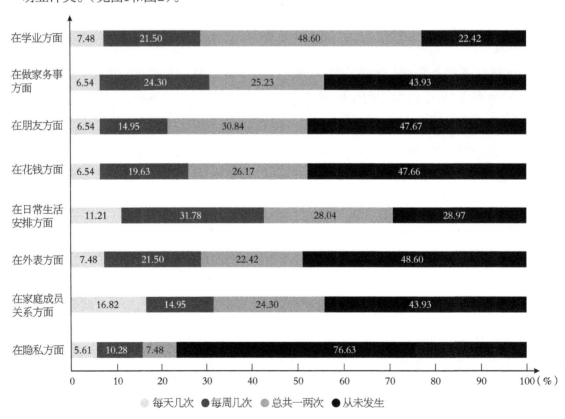

图1　家长视角下亲子冲突情况

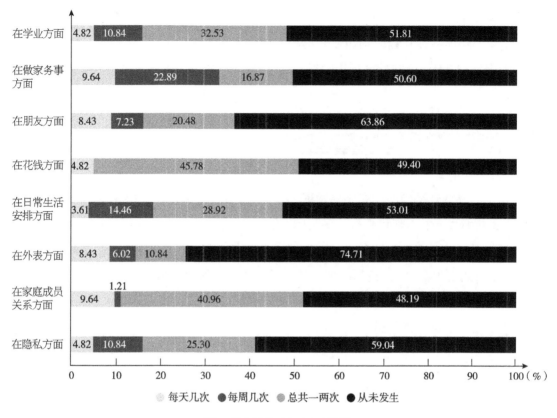

图2 儿童视角下亲子冲突情况

1.亲子双方在儿童参与权上存在冲突,主要表现在家庭成员关系方面

调查发现,亲子双方关于儿童参与权(自由表达、参与决策)的认同度低。家长与儿童基本每天都会在家庭成员关系上发生冲突,并且这一冲突频率在存在一定亲子冲突的三种权利中是最高的。

2.亲子双方在儿童发展权上存在冲突,主要表现在儿童日常生活及娱乐游戏的安排方面

调查发现,儿童和家长在儿童发展权(儿童有权安排日常生活及娱乐游戏)方面认同度低,家长与儿童每周都会在儿童日常生活及娱乐游戏安排上发生冲突。

3.亲子双方在儿童受保护权上存在冲突,主要表现在对待儿童隐私方面

调查发现,儿童觉得家长对他们的隐私保护程度一般,这一冲突的频率在存在一定亲子冲突的三种权利中是最低的。

4.亲子双方的儿童权利保护意识一般

调查发现,问卷中关于权利意识的自我评价上,家长和儿童大部分都表示自己的儿童权利保护意识处于一般水平。

5.家长和孩子在儿童权利知识方面缺乏了解

调查发现，大部分家长和儿童对于《公约》都处于有点了解的状态，总体而言都有待提高。

四、小组工作介入研究过程及结果

（一）小组简介

基于问卷调查得到的研究结果发现，儿童权利视角下的亲子冲突主要有以下方面：第一，在儿童参与权（家庭成员关系）上存在冲突；第二，在儿童发展权（儿童日常生活及娱乐游戏的安排）上存在冲突；第三，在儿童受保护权（儿童隐私）上存在冲突。经问卷分析，在儿童生存权上亲子双方未出现明显冲突。同时发现家长和孩子双方都缺乏儿童权利知识，其儿童权利保护意识也处于一般水平。

基于对家长的访谈得出以下结果。

关于家长对于儿童权利知识的了解情况：处于一般水平，知识来源于学校老师和网络。

关于儿童权利视角下亲子冲突的情况：第一，亲子双方在孩子的游戏选择和游戏时间上存在冲突；第二，亲子双方在孩子的隐私权方面存在冲突；第三，孩子在家庭中缺少参与决策权。

因此，笔者通过小组工作的方法，在平权理论和PAC人格结构分析理论的指导下，希望能够初步提升家长及儿童的权利知识及意识，促使家长尊重儿童权利，帮助儿童在不同情境下合理理解自己的权利，缓解儿童权利视角下的亲子冲突。本次小组活动以宝华镇某村的小学生为依托，按照就近原则，工作者在宝华镇某村招募四年级至六年级儿童及其家长共6人，组成亲子学习小组。

（二）小组活动计划

表1　小组活动计划

活动日程	活动主题	内容
第一次	儿童权利相关知识简介	①成员自我介绍，工作者介绍小组情况。 ②什么是儿童？请成员画出儿童并说出儿童的特点。 ③工作者帮助理解儿童的特殊性。 ④工作者介绍《公约》，带成员阅读绘本《为了每个孩子》。 ⑤唱歌曲《儿童权利在哪里？》。

活动日程	活动主题	内容
第二次	儿童发展权与亲子双方在日常生活安排方面的冲突	①介绍儿童发展权，并与亲子双方在日常生活安排方面（如：娱乐游戏时间的安排、交友等）的冲突进行联系。 ②角色扮演：分角色表演家长对于孩子的宠物小金鱼死去一事的反应，观察家长的积极回应与消极回应对孩子情绪的不同影响。 ③分享故事《拔苗难助长》。
第三次	儿童受保护权与亲子双方在儿童隐私保护方面的冲突	①介绍儿童受保护权，并与亲子双方在儿童隐私保护方面（如：进入儿童房间要敲门、网络聊天信息查看等）的冲突进行联系。 ②儿童成长中关于隐私的烦恼分享。
第四次	儿童参与权与亲子双方在家庭成员关系方面的冲突	①介绍儿童参与权，并与亲子双方在家庭成员关系方面（如：亲子双方关于家庭事务的沟通决策等）的冲突进行联系。 ②家庭事务参与情况的情境模拟：搬家的家庭会议。 ③参与阶梯八阶段（操纵；装饰品；象征性参与；成人决定，但事先通知；成人决定，但咨询儿童意见；成人策划，但与儿童一起做决定；儿童策划，儿童自己决定；儿童策划，邀请成人一起讨论，然后做出决定）介绍分析。
第五次	回顾小结	①回忆前四次小组活动。 ②分享收获。

（三）小组活动评估

本小组的目标是提升组员的儿童权利认知、缓解因权利认知差异带来的亲子冲突，围绕此目标，同时考虑到组员的年龄特点（小学四年级至六年级的孩子及其家长），因此在活动中加入了吸引组员注意和兴趣的活动内容和形式，在每一次小组活动结束之后，笔者都对活动过程进行记录，并在最后一次小组活动结束后邀请儿童和家长填写测试问卷，从而对小组工作进行后测。

后测问卷选取关于儿童权利知识、对儿童各项权利的认同度、亲子冲突三个部分的问题，将后测结果和之前的问卷调查数据对比，评估小组工作的效果。

第一次小组观察：本次小组活动的活动目标基本达成，组员对于小组目标有了明确的认识。家长及儿童的儿童权利知识得到提升，他们明白了孩子与成人的不同以及孩子的需求。结尾的唱歌更加深入地帮助成员巩固了儿童权利知识。

第二次小组观察：本次小组活动的活动目标基本达成，工作者与组员共同制定了小组契约书。制定小组契约书这一环节应被重视，需要让组员意识到在一个轻松愉快的小组同样需要遵守一定的规则。在PAC人格结构分析理论的指导下，分析家长和孩子的不同状态,帮助他们理解彼此的心理历程。

第三次小组观察:本次小组活动的活动目标基本达成,工作者在平权理论和PAC人格结构分析理论的指导下设计活动,通过活动发现,孩子已经有了隐私权方面的认识,家长在孩子的隐私权方面的认识还有待提高,家长与孩子在权利认知方面存在差异。由平权理论出发提出:希望家长注意尊重孩子的隐私权,同时,对有些情况,孩子需要和家长进行沟通。

第四次小组观察:本次小组活动的活动目标基本达成,在本次小组活动中PAC人格结构分析理论得到了很好的运用,工作者利用PAC人格结构分析理论帮助家长和孩子进行状态分析,更好地帮助家长和孩子找到亲子冲突缓解的策略,避免亲子冲突的升级。

第五次小组观察:最后一次活动,工作者带领成员回顾了前四次活动介绍的权利知识,分享了三种权利视角下冲突的缓解方法。通过一系列的小组活动,组员在权利认知方面都有了一定的收获。

最后小组评估顺利进行,从三个方面进行了评估:儿童权利知识、对儿童权利的认同及实行、儿童权利视角下的亲子冲突。通过前后测对比发现,整体来说,小组在一定程度上达到了目标。由此带来启示,在村镇地区对小学生及其家长进行儿童权利的宣传是十分必要的,可以提升人们的儿童权利保护意识;使用小组工作的方法,以缓解亲子冲突为目的,有针对性地介入,符合家长和孩子当下的实际需求,可以在较短的时间内达到初步的效果。

(四)小组活动的不足

1.关于小组本身

社会工作者虽然有相关理论知识,但是缺乏实践经验。从小组活动设计来说,很多组员反馈小组活动次数太少。从研究群体来说,本文仅仅针对某小学四年级到六年级儿童及家长进行了分析,结论缺乏广泛适用性。

2.关于小组活动的效果

小组活动介入儿童权利视角下的亲子冲突具有局限性。因为儿童权利保护意识并不是几次小组活动就能提升的,这需要长期的工作才能带来更多改变。

(五)对小组活动的反思

本文以平权理论和PAC人格结构分析理论作为理论依据,在小组活动中,也是遵循这两个理论的指导,结合有关儿童权利的绘本阅读,从权利的认知着手,帮助小组成员认识儿童权利，认识儿童权利视角下的亲子冲突，设计小组活动，并采用角色扮演、故事欣赏、情境模拟等形式，帮助亲子双方理解他人的想法，理解处于不同位置时的想法。这两个理论在活动中非常适用。

在小组评估部分，每次小组活动结束后都进行了过程评估，在整个小组活动结束后又对小组活动进行了结果评估。工作者在每次小组活动的过程评估中通过对小组游戏的活动评估、组员的改变评估以及针对服务内容的评估这三个方面，评估了每次小组活动设计的合适度以及该次活动的目标达成状况。在结果评估中，通过调查问卷进行前后测，然后进行比较分析，评估结果发现，通过连续五次的小组活动，每位组员在儿童权利知识方面得分均有提高，在对儿童权利的认同方面有所提升，在亲子冲突方面也有所缓解。

本研究最大的创新之处在于从儿童权利的视角分析亲子间的冲突，并且用社会工作中小组工作的方法提升亲子双方的儿童权利认知，缓解亲子冲突。同时也应看到，虽然小组工作介入在儿童权利知识的提升以及儿童权利视角下亲子冲突的缓解方面取得了一定的效果，但仍有许多局限，还有很大的提升空间。

五、研究结论

（一）亲子之间在儿童参与权、发展权和受保护权方面存在冲突

从儿童权利的视角来看，在儿童参与权、发展权和受保护权方面，均存在亲子冲突，儿童生存权方面未发现明显冲突。家长和儿童在儿童参与权上存在冲突，主要表现在家庭成员关系方面；家长和儿童在儿童发展权上存在冲突，主要表现在儿童日常生活及娱乐游戏的安排方面；家长和儿童在儿童受保护权上存在冲突，主要表现在对待儿童隐私方面。

（二）小组工作对缓解儿童权利视角下的亲子冲突有一定效果

在平权理论和PAC人格结构分析理论的指导下，运用小组工作的方法宣传儿童权利知识，更好地帮助家长和孩子找到亲子冲突缓解的策略，能避免亲子冲突的升级。事实证明，只有让儿童和家长获得对儿童权利与实际生活相联系的亲身体验，才能深入其内心，进而有效缓解儿童权利视角下的亲子冲突。小组工作的方法适合给亲子双方做工作。

六、建议

（一）加强学校、家庭、社会三方主体在儿童权利保护中的作用

学校是学生接受教育的地方，它不仅拥有教育学生的功能，同时也肩负着儿童权利

保护的功能。家长很多关于孩子的教育方法、儿童相关权利的知识都是通过学校老师获得的。因此，应该发扬学校在儿童权利保护宣传教育上的作用。

家庭是儿童生活成长的地方，也是儿童接受教育形成个体意识的第一场所。在家庭中，父母对待孩子的行为态度对孩子的健康成长极为重要。就儿童权利保护而言，家庭也是一个重点场所，儿童权利体现在亲子双方每天的互动中，家长对儿童权利尊重及保护的程度直接影响儿童。因此，家庭需要树立正确的儿童权利观，充分发挥家庭在儿童权利保护中的重要作用。

儿童本身就处于社会生活的方方面面，但是由于传统观念及社会文化的影响，在社会生活中儿童的一些权利常常会受到压制。因此，从社会这个主体上看，建议采取更多行动提升儿童的权利保护。

（二）加强《公约》内容的宣传

本研究通过对家长及儿童进行儿童权利的宣传，提升了亲子双方的儿童权利知识水平。不难发现，在相关知识水平提升后，家长在做决定时会更加考虑儿童的意见了。儿童是人，是社会成员、国家公民，这样的事实意味着他们有资格享有各项权利。但是，这些权利还需要根据儿童的最大利益和他们逐渐发展的能力来理解和解释。《公约》的宣传急需加强。

（三）增加儿童权利视角分析亲子冲突

建议从儿童权利的视角分析亲子双方在日常中的冲突，亲子间的冲突状况和父母的权利认知有非常密切的关系。本研究发现，亲子双方关于权利的认同也存在差异。从冲突的选项和权利的分类可以发现，儿童权利视角下的亲子冲突主要表现在儿童参与权的家庭成员间关系、儿童发展权的儿童日常生活及娱乐游戏的安排、儿童受保护权的儿童隐私对待等方面。所以，增加儿童权利的视角分析亲子在日常生活中的冲突是可操作的。

（四）采用专业的社会工作方法进行服务

小组工作中的小组是由工作者与组员一同组成，在小组工作的过程中组员会发生多方面的互动，这些互动能够提高小组的凝聚力、激发组员的潜能、提升组员的能力、带领组员成长、促进组员改变。本研究运用小组工作，以团体的形式帮助亲子双方学习儿童权利知识，提升亲子双方缓解冲突的能力，避免冲突的升级。小组工作只是社会工作方法中的一种，在不同的服务中，可以根据实际情况选择不同的工作方式。

参考文献

[1] 段小松. 联合国《儿童权利公约》研究[M]. 北京: 人民出版社, 2017.

[2] 杨艳艳. 家庭社会工作介入青春期亲子冲突的个案研究 [D]. 长春: 吉林农业大学, 2014.

[3] 宋春联. 初中生亲子冲突问题的干预研究[D]. 重庆: 西南大学, 2010.

[4] 邓丽群, 陈彤. 试论亲子关系对儿童社会性发展的影响[J]. 中华文化论坛, 2008 (S1): 143-144.

[5] Carolyn Vhlinger Schantz. Conflicts between Children[J]. Child Development, 1987 (2): 283-305.

[6] 叶光辉. 家庭中的循环性冲突[J]. 应用心理研究, 1999 (2): 41-82.

[7] 费孝通. 乡土中国[M]. 上海: 上海人民出版社, 2006.

[8] 李文, 韩平. PAC人格结构理论在团队领导中的运用[J]. 商业经济, 2011 (2): 25-26.

[9] 李秀芬. 亲子双方对儿童权利的认同差异及其与亲子冲突的关系研究[D]. 上海: 华东师范大学, 2008.

[10] 方晓义, 张锦涛, 刘钊. 青少年期亲子冲突的特点[J]. 心理发展与教育, 2003 (3): 46-52.

[11] Moss R.H. 家庭环境量表 (FES). 1991.

[12] 刘梦. 小组工作[M]. 第二版. 北京: 高等教育出版社, 2013.

城市家庭隔代教育现状研究及小组工作介入——以北京市某幼儿园为例

鲁晓兵[①]

摘要： 近年来，政府逐渐加强对家庭教育的关注，家庭教育不仅关系到儿童健康成长，也影响着家庭的和谐与稳定。但由于年轻父母的职业角色和家庭角色的失衡，使得他们顾此失彼，家庭角色不能充分发挥，因此隔代教育逐渐衍生出来，也越来越成为家庭教育中一种重要的教育形式，引起社会的广泛关注和思考。本研究以北京市某幼儿园祖辈家长为研究对象，通过问卷调查和访谈了解城市家庭隔代教育的现状，从隔代教育的问题出发，分析祖辈家长的需求。研究发现城市家庭隔代教育中女性是隔代教育的参与主体，祖辈家长除利用自身的教养经验，也开始通过互联网有意识地学习家庭教育知识。在隔代教育问题中，祖辈的需求主要集中在几个方面：提升两代人沟通的频率、保持教育方式的一致性、家庭教育知识的获得等。研究者从祖辈个体及支持网络入手，通过小组工作介入的方法满足服务对象的需求，提升祖辈家长的教养能力，优化祖辈的教育方式。

关键词： 家庭教育　隔代教育　小组工作

一、研究背景和研究意义

（一）研究背景

家庭是社会的细胞，是孩子进入社会的第一所学校，家庭教育对于每一个孩子的身心健康成长起着非常重要的作用。我国2010年颁布的《国家中长期教育改革和发展规划纲要（2010—2020年）》指出，"充分发挥家庭教育在儿童少年成长过程中的重要作用。家长要树立正确的教育观念，掌握科学的教育方法，尊重子女的健康情趣，培养子女的

---

① 中华女子学院儿童教育专业2016级硕士研究生，现为润景科技有限公司董事会秘书。

良好习惯，加强与学校的沟通配合"。2011年，国家人口计生委宣传教育中心和中国社会科学院调查与数据信息中心等联合进行的"中国家庭幸福感热点问题有奖调查"结果显示，在参与调查的7729人中，高达52.2%的人认为最需要帮助的内容是"亲子关系、家庭教育咨询"，这说明孩子的教育问题越来越被放在家庭最重要的位置上。作为一切教育起点和基础的家庭教育，一旦出现失误和偏差，就会在教育对象身上形成深深的烙印。

(二)研究意义

1.理论意义

本研究综合运用社会工作、教育学等相关知识，结合相关理论分析城市家庭隔代教育的问题和需求，采用社会工作的方法开展隔代教育的实务干预研究，可以弥补以往关于隔代教育实证研究的不足，同时社会工作理论在家庭教育问题实践中的运用也是一种检验，可以丰富社会工作的应用范围。

2.实践意义

本研究基于对北京市部分幼儿家庭隔代教育的现状进行调查与数据分析，并结合调查数据对隔代教育的现状进行描述，剖析当下城市家庭隔代教育的特点及教育过程中存在的具体问题，从专业的角度开展致力于优化幼儿家庭教育的指导活动，为社会工作介入家庭教育的路径探索提供经验支持。

二、研究方法

(一)资料收集方法

本研究的资料收集主要来自以下几个方面。

现有的文献资料。包括国内外关于隔代教育的文献、国家的统计数据等，收集方法主要是计算机检索和书目阅读。

《隔代教育调查问卷》资料。结合北京师范大学心理学部教师制定的《家庭教育方式综合测评量表》，对城市家庭隔代教育现状问卷进行设计。问卷从基本信息、教育方式、需求评估三个维度对所调查幼儿园的全部幼儿家庭进行隔代教育的现状调查。

个案访谈资料。针对问卷调查结果所反映的共性问题，在幼儿园通过自己的了解和老师的介绍选择10户隔代教育冲突现象比较严重或祖辈家长需求强烈的家庭，进行深度访谈，为保护访谈对象的隐私，对祖辈家长以G为统一称呼，按照1~10的顺序进行编码，例如G3、G5；对父辈家长以P为统一称呼，按照1~10的顺序进行编码，例如P2、P9等。编码中的f指家长中的男性，m指家长中的女性。

（二）资料分析方法

本研究运用统计软件SPSS进行数据的录入、整理和分析。问卷第二部分采用李克特记分方法，其中"教育方式"题目的五个选项"完全符合""大致符合""稍微符合""很少符合""非常不符合"分别记5分、4分、3分、2分、1分，问卷中的部分题目采用否定的方式进行表述，在记分时采用反向记分。上述各部分得分之和即为被调查家长的分数，得分越高表示结果越好。

三、结果与分析

本研究以北京市某幼儿园的祖辈家长群体为调查样本，对该幼儿园3~6岁儿童家庭中参与幼儿抚育的祖辈进行问卷调查，共发放问卷160份，回收有效问卷139份，回收率为86.9%。根据隔代教育的定义，即（外）祖父母一方或双方与子女、（外）孙子女同住，协助父辈对孙辈进行部分教育和抚养的教育方式，通过问卷中"目前和谁住一起"一题，排除非隔代教育祖辈家长共58人，剩余隔代教育祖辈家长81人，占58.3%。

（一）城市家庭隔代教育的基本情况

1.祖辈家长的年龄分布情况

本次调查结果显示，祖辈家长的平均年龄为63.5岁，主要年龄段分布在60~70岁，低于60岁的有24人，占29.6%；60~70岁的有50人，占61.7%；70岁以上的只有7人，占8.7%。在隔代教育中，祖辈的年龄虽然偏大，但是并非年老体衰，在当下社会中，60岁左右的老人刚刚从工作岗位退休，身体还很硬朗，且经常锻炼，没有出现年老体衰的特征，对于孙辈的教养还是力所能及的。祖辈家长具体的年龄分布情况如表1所示。

表1　祖辈家长的年龄分布表

祖辈年龄（岁）	频率	百分比（%）
40 ~ 50	1	1.2
50 ~ 60	23	28.4
60 ~ 70	50	61.7
70 ~ 80	7	8.7
合计	81	100.0

2.祖辈家长的文化程度分布情况

在样本中,祖辈家长的文化程度主要集中在高中以及中大专,占56.8%;本科以上的占16.0%;初中以下文化程度的占27.2%。相对于农村的祖辈家长,其受教育程度很高,但与父辈的文化程度相比要低。父辈家长的学历主要集中在硕士及以上,大专文化的仅有1人,占2.8%。由此可以看出,祖辈家长与父辈家长的文化程度存在较大的差异,父辈家长的学历整体上优于祖辈家长,详细分布情况见图1。

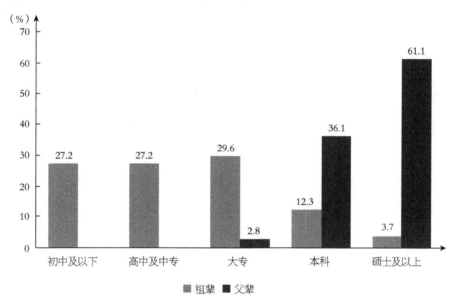

图1 家长的文化程度分布图

3.祖辈家长的育儿经验分布情况

由表2可知,祖辈家长在育儿过程中,主要按照自己的经验对孙辈进行教育的有47人,占所调查人数的58.0%,且关于祖辈喂养方式的调查结果显示,65.1%的祖辈基本完全按照自己的经验对孙辈进行饮食喂养。通过幼儿园、社区等途径获取育儿经验的只有2人,也从侧面展现出幼儿园、社区等对于隔代教育的重视度不足。同时,通过该项调查可以明显看到,一些祖辈已开始有意识地通过互联网等途径进行知识补充,网络对于家庭教育知识的传播具有积极作用。

表2 祖辈教养孙辈的知识来源频率表

来源	频数	百分比（%）
自己的教养经验	47	58.0

来源	频数	百分比（%）
亲友间的育儿经验	5	6.2
自己有意识地从大众传媒（如互联网）中学习获取相关经验	27	33.3
幼儿园、社区等举办的家长学校、教育知识讲座	2	2.5
合计	81	100.0

4.祖辈和父辈在育儿过程中的冲突情况

从图2可以看出,祖辈和父辈在育儿过程中,双方的冲突主要集中在生活照顾和行为习惯两个方面,围绕生活照顾发生冲突的占所调查人数的45.3%,在幼儿的行为习惯约束方面发生冲突的占调查人数的37.9%。在知识学习上发生冲突的相对最少,在调查群体中只占3.4%,其次是个性培养,占调查人数的13.4%。说明祖辈和父辈在幼儿的知识学习上相对保持一致性。通过访谈得知,大部分祖辈和父辈对于给3~6岁幼儿报学习类辅导班均持反对态度,认为在幼儿阶段,游戏才是他们最重要的事情。在个性培养方面,祖辈和父辈也保持较高的一致性,认为最重要的就是教会孩子做人。

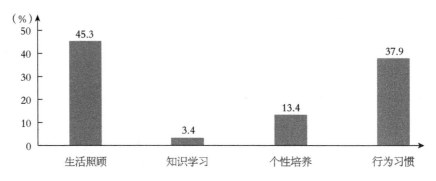

图2　祖辈与父辈在育儿过程中的冲突分布图

（二）城市家庭隔代教育的优劣

隔代教育作为家庭教育中一种客观存在的教育方式,要辩证地看待隔代教育的优缺点。在隔代教育过程中,由表3可知,祖辈在教养孙辈时,可以培养其讲礼貌、尊敬长辈等优良品质,祖辈的传统美德,例如勤俭节约、刻苦耐劳等在无形中也可以帮助孙辈形成良好的生活习惯,如不挑食,不浪费,帮助幼儿形成正确的价值观。

表3　隔代教育中祖辈对孙辈的影响分布表

项目	祖辈		父辈	
	频数	百分比（%）	频数	百分比（%）
讲礼貌、尊敬长辈	54	66.7	62	76.5
社会交往能力强	33	40.7	28	34.6
生活习惯良好	62	76.5	70	86.4
以自我为中心	34	42.0	42	51.9
造成亲子隔阂	21	25.9	15	18.5
性格开朗	68	84.0	65	80.2
知识与能力的增长	38	46.9	30	37.0
独立性高	26	32.1	22	27.2

当前社会，父辈家长的重心多向工作偏移，陪伴孩子的时间相对减少，祖辈的加入，可以适当缓解父辈的压力和对孩子的愧疚感，使父辈全身心投入事业中去，也可以弥补因父辈太忙给孩子带来的情感缺失，培养孩子健全的性格。同时祖辈也可以享受儿孙承欢膝下的天伦之乐，转移祖辈退休之后的不适应感，发挥余热，对祖辈保持健康的心态大有裨益。

另外，祖辈为人母、为人父的经验相对于父辈来说更丰富，他们更加清楚地知道孩子在不同的年龄段会较容易出现什么问题，应该怎样处理，弥补年轻的父母在育儿方面的不足，帮助孩子健康成长。但由于文化背景、社会环境的不同，祖辈和父辈在价值取向上是存在差异的，即所谓的"代沟"。城市家庭隔代教育的问题主要体现在以下三个方面。

1.祖辈与父辈教育方式不一致，家庭冲突严重

祖辈因生活背景、受教育程度、理论水平、职业选择、生活方式、价值理想等方面和父辈有诸多差异，所以在家庭教育的理念、原则、重点、方式等方面与父辈存在较多分歧。小到穿衣喂饭，大到品性培养。由图3可知，祖辈在教育过程中，除了生理原因外，遇到的最大的问题就是和父辈的教育观念有分歧，"隔辈亲"使得祖辈对幼儿的一些不良行为表现出迁就的态度,且在父辈对幼儿的错误行为进行批评教育时,祖辈出面干预的行为使双方不时地产生冲突。

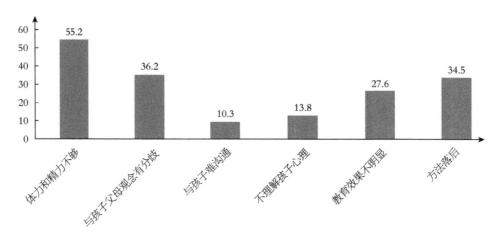

图3　祖辈在教育过程中遇到的问题分布图

"孩子爸爸的脾气比较急,经常因为孩子不懂事打她,这时候我就会出来保护孩子。我就是管不住自己,孩子爸爸一打她,我就心疼,她还那么小。她爸爸总是说我,我也听不进去,就觉得他的方式不对,我们俩会因为当时的事情争吵,谁也不服谁。"(G5——m)

"媳妇和儿子都在银行上班,孙子主要由我照看。我这个人没啥其他大毛病,也很能干,把家里打理得井井有条,但是就是脾气比较拧,听不进去话,认为自己做的就是对的。我很爱孙子,他的要求都尽量满足。但是媳妇不是这样想的,总是拗着孩子来,惹得他哭得厉害,我哄孩子的时候,她就出来阻止,有一次急了还拌嘴了,气得我好几天都不舒服。我好心帮他们带孩子,还总被说不对,特别不被理解,特别憋屈。"(G10——m)

2.祖辈社会支持系统薄弱

城市家庭中的祖辈多是从原居住地过来帮忙照看孩子的,在陌生的环境下同辈群体的交往机会减少,心理压力得不到适当的排解,得不到充足的社会支持。祖辈的时间和精力几乎全部投放在孩子身上,把孩子送去幼儿园之后,还要买菜做饭、做家务等,自我娱乐时间几乎全部被占用。"我跟老伴两个人留在北京帮儿子带孩子,从出生一直带到现在,就跟自己生的孩子一样。我的时间和精力全部倾注在这个孙子身上,几乎没有自己的时间。孩子说今天想吃鱼,那无论付出多少我都会把他想吃的鱼做出来。老伴很怀念自己老家的那些朋友,经常吵着要回去,我也想回去,但是没办法,自己的孙子也不能不带。"(G3——m)

对于只身来到城市帮忙照看孩子的祖辈,伴侣不在身边,孤独感和失落感会更加严重。对于男性照顾者来说，这种感觉更加强烈。"老伴留在湖北老家教书，我自己一个人在北京帮女儿带外孙，等他们上班上学之后，家里一个人也没有，觉得自己好孤独。之前的老朋友都在老家，在这儿也没有认识的人，社区活动也不太适合我，都是编织、插花之类的。自己一个人的时候饮食凑合一下就算了，周末女儿、女婿回来，还要想着给他们做饭，就很头疼。"（G4——f）

如图4和图5，调查结果显示，在祖辈教育孙辈遇到困难时，只有22.4%的子女会经常给祖辈提供方法和建议，总体支持度并不是很高。实际上，在教育过程中遇到问题时，祖辈希望得到子女的支持的人数占比高达66.4%。

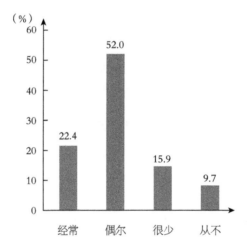

图4 父辈在祖辈教育过程中的支持度分布图

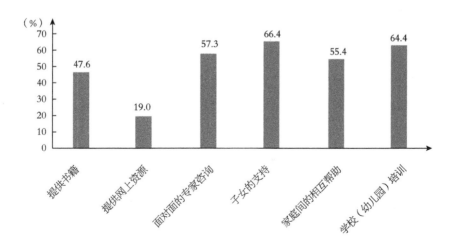

图5 祖辈希望得到帮助的意愿分布图

3.祖辈科学育儿知识缺乏

不科学的教养方式会阻碍幼儿的健康成长。首先，在喂养方式方面，祖辈习惯性地按照自己以往的经验进行喂养，存在不良的喂养方式，例如允许孩子边跑边吃、追着喂饭等，这些会对幼儿的消化功能造成影响。"孙子4岁了，都上中班了，孩子爸爸经常出差，妈妈要照顾孙女，所以孙子是我一手带大的，在带他的过程中，我也是事必躬亲，他不好好吃饭我就追着他喂，穿衣服慢我就帮他穿，逐渐地，他的自理能力就不太好了。后来我觉得他长大了，应该尝试放手让他自己去做一些力所能及的事情，但是他已经依赖习惯了，做不好就发火、哭，后来就干脆做都不做，等着别人去帮他。"（G7——m）其次，祖辈的溺爱和过多的替代，会容易导致幼儿形成以自我为中心、独立性差、过分依赖等不良行为。"儿子今年6岁了，由于我们工作的原因，儿子基本由婆婆和妈妈照看。我丈夫是独生子，所以婆婆特别宠溺孩子，基本是有求必应，儿子基本是衣来伸手、饭来张口，所以养成了特别蛮横的习惯，只要我不答应他的要求，对我就是暴力相向。有一次他让我陪他做游戏，因为我在跟别人说话，没有及时回应，他就把玩具扔在了我的脸上。婆婆怕我教训他，就赶紧抱走了。因为这个问题我和丈夫也经常发生矛盾。"（P2——m）

四、小组工作的介入

通过对调查问卷的数据和对访谈对象的访谈资料进行分析，研究发现，在隔代教育过程中祖辈家长的需求大致集中在以下几个方面。

学习科学教育方式的需求。在幼儿的成长道路上，祖辈较为关心的是如何做到科学喂养孩子、与孩子进行良好的沟通、促进孩子良好习惯的养成等问题。通过对父辈家长的调查，发现父辈较为关心的是祖辈对孙辈的宠溺、科学的教育方式与方法等。从中可以看出双方的共同关注点都在学习科学的教育方式方面。

解决家庭冲突的需求。在幼儿教育过程中，祖辈和父辈的教育观念和教育方式的不一致、祖辈在隔代教育中的自我角色定位模糊、祖辈过多干预等导致家庭冲突频发。在隔代教育中，祖辈希望了解自我应发挥的作用及需要注意的问题，以及如何做到和父辈保持养育原则的一致性，减少家庭冲突。

参与小组的需求。针对隔代教育中产生的问题，祖辈愿意通过相关书籍、家长经验传授、专家指导等方式解决，对于参与隔代教育成长小组也都比较积极，51.0%的调查者表示很愿意参加，就是担心没时间，41.0%的调查者表示再忙也会抽时间参加成长小组。针对隔代教育中的共性问题，笔者选取了小组工作的形式进行介入。

（一）小组方案设计

1.小组目标

（1）总目标

小组旨在通过一系列活动，使组员能够认识到自身在隔代教育中存在的问题，正视问题的存在，取长补短，通过学习改善自己不合理的教育方式或教育观念，增加自身在与幼儿父母进行教育问题沟通时的技巧，为幼儿提供一个良好的成长环境。

（2）具体目标

一是帮助组员认识不科学的教养方式对孩子产生的不利影响。

二是帮助组员扩充科学育儿知识。

三是引导组员能和子女就教育观念、方式不一致的问题进行有效的沟通交流。

四是帮助组员缓解教养过程中产生的压力，提升服务对象的交际能力。

2.小组特征

小组性质：成长性小组

小组人数：7人

小组计划表：如表4所示

表4　小组计划表

活动次数	名称	活动目标
第一次	快乐教养，由我开始	①成立小组，小组成员之间相互认识，初步建立小组支持网络。 ②制定小组契约和小组规范。 ③组员分析自我在隔代教育中遇到的问题，增加小组的凝聚力。
第二次	向不合理要求说"不"	①帮助组员增加熟悉度，加强对彼此的信任。 ②帮助组员认识不合理的教育方式。 ③加强组员对科学育儿方式的认同。
第三次	情景剧	①促进组员自我的开放与表达。 ②引导组员认识自己在教育过程中做法的利弊。
第四次	科学育儿方法视频教学《超级育儿师》上	①发挥小组凝聚力，让组员感受小组的温暖。 ②引导组员反思自己在教养中存在的问题。
第五次	科学育儿方法视频教学《超级育儿师》下	①巩固上次视频课中学习到的内容。 ②学习科学的育儿方式。

活动次数	名称	活动目标
第六次	感恩的心	①巩固组员在小组中学到的内容。 ②小组活动的历程回顾，总结组员的表现，并给予肯定和鼓励。 ③增强组员改变的自信心。

3.组员基本情况

此次小组活动采用自愿报名的形式，通过幼儿园班主任的协助，从前期进行问卷调查的家庭的祖辈中进行招募。在告知祖辈小组目标、小组内容之后，最终有7名城市隔代教育家庭的祖辈报名参与本次小组活动。由于在隔代教育中，参与主体以女性为主，所以在小组中女性参与者占较大比例。小组组员的基本情况见表5。

表5　组员基本情况表

组员姓名	性别	年龄（岁）	户籍 （本地/外地）	孙子（孙女）的基本情况
HYQ	女	62	外地	孙子，4岁半，不太爱说话，爱看书。
LRL	女	68	外地	孙女，5岁，性格内向，记忆力好。
LTQ	女	55	外地	外孙，3岁半，脾气比较暴躁，爱摔东西，比较能吃。
LYM	女	61	本地	孙女，3岁，脾气比较拧。
SGQ	女	66	本地	孙子，6岁，不爱吃饭，挑食，性格比较孤立。
WJ	男	60	外地	外孙，3岁半，不爱讲卫生，爱哭闹。
YXF	男	64	外地	孙女，6岁，不爱说话和表达，有的时候又有点爱搞小破坏。

（二）小组成效评估

本研究主要采用过程评估和结果评估相结合的方式对小组的成效进行评估。以每次活动中组员的表现、组员在小组活动中总的变化以及组员教育方式前后测的结果等方面作为依据，用来分析小组工作的效果。具体的情况总结如下。

1.小组目标达成情况分析

通过六次循序渐进的小组活动，组员在各方面都有了自我成长和改变，无论是小组目标还是小组目标之外的方面。通过活动过程中对组员的观察记录和组员家庭成员的反馈，我们得知，每一位组员或多或少在教育方式和观念上都有了改变。例如，组员WJ逐渐减少了对孩子的强迫行为，和孩子父辈的沟通也有了变化；组员LYM不再过多干预孩子父母对孩子的教育，已经在尝试放手，家庭也变得更加和谐；组员LRL有了自己的业余生活，丰富了精神世界，对孩子的把控度也降低了。综上，小组活动的目标已基本达成。

2.组员在小组活动过程中的表现

在每一次小组活动开展过程中，笔者和志愿者轮流作为观察者对组员在小组活动中的表现进行观察记录，以便在小组活动结束后对该次活动进行反思以及对组员的变化进行总结评估。表6为社工根据小组观察记录表和小组活动结束后对组员子女的回访情况对组员的变化进行的总结。每位成员的变化具体情况见表6。

表6 组员变化情况表

组员姓名	组员在小组过程中的变化
HYQ	在小组活动过程中，她很认真，反思很深刻，观看视频、分析案例的时候都很仔细地做笔记。她认识到自己在教育方式上有不足的地方，愿意虚心向组员学习。 通过回访得知，现在一有时间，她就和老伴带着孩子出去，让老伴多去接触外面的环境，锻炼他的语言表达能力，对于孩子的要求也尽量可以做到不完全有求必应。
LRL	她刚来北京时很不开心，没有伙伴，所有的精力都放在孩子身上，对孩子不放手，当孩子不在身边的时候就很不开心，她的情绪也潜移默化地影响着孩子的情绪。后来就推荐她去参加社区的活动，她逐渐打开了心扉。 通过回访子女了解到，现在她回到家经常主动分享小组活动中学到的知识以及她对一些教育方式和方法的见解，主动要求子女陪孩子游戏，家庭氛围也更加和谐了。
LTQ	在刚进入小组的时候，通过自我介绍发现她是小组中年纪最小的，活动中发言的频率不是很高，且声音也很弱。不过在分享的时候，有家庭跟她家情况相似的时候主动性较高，其他的时候相对保持沉默。在活动过程中，与她邻座的HYQ会主动和她交流。慢慢地和组员熟悉之后，她逐渐敢于表达自己。有一次活动的时候，她生病了，提前打电话请假了，但是最后仍然带病参与。社工了解到，因为年轻时对女儿成长的疏忽，出于补偿心理，她特别溺爱外孙，造成外孙的脾气很大，很叛逆，现在自己也很苦恼。了解情况后，我们和孩子的父母进行了沟通。在小组活动结束时，她反映通过和孩子父母的合作，他们正在逐渐改正孩子的不良习惯。
LYM	她是唯一一个每次都提前到达活动场地的组员，会和社工分享很多自己在教育过程中遇到的问题和困惑。在活动过程中，她的投入度很高，发言的时候声音很洪亮，会带动小组的氛围，对于组员的反馈经常给予正面的回应。 通过后期与孩子爸爸的访谈，得知现在孩子爸爸在教育孩子的时候，她可以适当控制自己了，会选择有意识地回避，不像之前都不让孩子爸爸教育，就把孩子抱走了。
SGQ	在活动开始之初，她对小组存在些许的不重视，当别的组员在分享观点的时候，她会时不时地拿出手机观看，在社工再次强调了小组契约之后，她有了很好的改变。但在活动过程中她发言不是很积极。经过三次小组活动之后，她意识到自己在教育过程中存在的问题，变得积极投入，主动和组员进行讨论，寻求经验。 在后期访谈中其儿媳妇反映说，现在她婆婆开始主动和她沟通关于孩子爱乱发脾气的事情，一起制定方法帮助孩子纠正问题，给予正确的引导。

组员姓名	组员在小组过程中的变化
WJ	在小组分享的时候，他会过度积极地参与讨论，甚至会出现只有他一人在讲的情况，社工需要采取打断的形式，为其他组员争取机会。在活动外社工和他进行交谈后，他发现了自己的这个问题，并在之后的活动中尝试去改变。虽然有时还会出现这个问题，但是因为他的积极参与和对组员的带动，也使得社工的工作变得更加容易进行。 在回访中其儿子反馈说，虽然父亲的变化不是特别明显，但仍然可以感觉到父亲在和他们交谈的时候少了些强势，多了些耐心，对孩子的强迫行为也减少了。
YXF	在小组初期，他的参与度不是很高。因为组员多为女性，来得早的时候他就自己一人坐在旁边，不主动参与其他组员之间的交流，但小组中另一名男性的交流比较频繁，也因此形成了次小组。在中后期和大家都熟悉了之后，他的参与度也提升了，经常分享自己在育儿方面的一些观点。 在回访中和其儿子交谈得知，他父亲的思想相对比较保守，也不会听取他们的建议，以前一说父亲的方法不对，父亲就和他们发火。但是这一段时间发现，他们说父亲的时候父亲虽然还是不是很高兴，但是在带孩子的过程中也听取了他们的一些意见，不像之前那么执拗了。

3.组员教育方式前后测数据分析

祖辈在教养能力方面的提升主要通过《教育方式综合测评量表》进行前后测比较分析得出结论。表7为小组成员的前后测平均值的对比情况。其中"凡是与孩子有关的事，都不能保持沉默，非要进行干预不可"这一点的变化较为明显，变化值为-1.3分，说明祖辈开始意识到干预父辈教育幼儿的弊端，已初步尝试还权于父辈。"能放手让孩子独立处理一些问题，自己从旁指点"和"全包下有关孩子生活方面的事，孩子一点家务都不做"方面的变化也比较明显，表明祖辈认识到自己的教育行为对幼儿独立性的消极影响，且已经在进行改善。综合数据表明，祖辈已经开始意识到自己在育儿方式上的弊端，并从不同程度上做出了改变，取得了一定的效果。

表7　小组成员在教育方式上的前后测平均值对比表

内容	小组前测平均值（分）	小组后测平均值（分）	平均值变化（分）
①经常陪孩子一起玩游戏。	3.9	4.0	0.1
②孩子虽小，但是对于与孩子有关的事，还是会在事前告诉他一声。	2.9	3.3	0.4
③认真思考孩子指出的缺点。	3.3	3.7	0.4

内容	小组前测平均值（分）	小组后测平均值（分）	平均值变化（分）
④经常鼓励孩子独立思考、解决问题。	3.6	3.8	0.2
⑤耐心引导孩子认识错误行为，让他自己认识问题。	3.3	3.5	0.2
⑥能放手让孩子独立处理一些问题，自己从旁指点。	3.5	4.0	0.5
⑦全包下有关孩子生活方面的事，孩子一点家务都不做。	4.0	3.3	−0.7
⑧不允许孩子跟你顶嘴，他必须无条件地服从。	3.5	3.1	−0.4
⑨不喜欢孩子自作主张，喜欢他听话。	3.8	3.5	−0.3
⑩凡是与孩子有关的事，都不能保持沉默，非要进行干预不可。	4.5	3.2	−1.3
⑪节假日孩子不在身边，会像丢了什么东西似的感到不安。	3.6	3.3	−0.3
⑫十分关心孩子的前途，只要他有出息，就是做点牺牲也在所不惜。	4.2	4.2	0.0
⑬会主动学习关于家庭教育的知识。	3.0	3.6	0.6
⑭会要求子女多点时间陪孩子。	3.2	3.6	0.4
⑮会主动和子女沟通关于孩子的问题。	3.3	3.7	0.4

五、结论

本研究通过对北京市某幼儿园一些家庭中的隔代教育现状进行调查，并运用社会工作中小组工作的方法对调查群体所呈现的共性问题进行干预和成效评估，得出了相关结论并提出相应建议。

（一）当两辈人教育观念逐渐趋同时，教育方式的差异性会越来越小

教育观念和教育行为相互作用，教育行为投射教育观念，教育观念影响教育行为。观念一旦确立，就会给人们的心理和行为以深远的影响，决定着个体成长与发展的方向。在隔代教育中，时代背景不同，祖辈和父辈的人生观、世界观、价值观都有所差异，

因此教育观念也不尽相同，所表现出的教育方式也不同。在本研究的调查统计中，祖辈和父辈都认为是双方教育观念的分歧导致教育方式的不一致，由此带来家庭冲突。笔者在后期的小组干预中，通过与小组成员分析探讨不科学的教育行为，从侧面逐渐优化祖辈家长不合理的教育观念。在小组活动结束后的回访中发现，当祖辈家长认识到自我的不合理观念后，他们和父辈的教育方式的差异性也相对缩小了。无论是从行为入手改变观念，还是从观念入手改变行为，这两条通道都必须保持它的通畅性。

保持观念和行为畅通的重要途径就是沟通，使双方了解彼此不同的社会背景、生活经历不一致导致教育观念差异的必然性，各自通过分享有效的经验、技巧等，将其纳入自身的教育观念体系之中。首先，祖辈拥有丰富的社会经验和育儿经验，父辈拥有科学的教育方法，两代家长互相学习，取其所长，补己之短：祖辈家长可以多倾听孩子父母和幼儿教师的意见，也可以多关注各方面的教育动态，尝试学习新的教育观念和方法；父辈家长则可以多向祖辈学习丰富的育儿经验，弥补自己在育儿过程中经验不足的问题。其次，通过沟通明确双方在教育孩子过程中的角色和职责，避免过度干预等情况出现，共同合作，为孩子的成长创造和谐健康的环境。

（二）小组工作的介入模式对隔代教育问题的改善具有积极作用

小组工作的互动模式、小组文化及凝聚力所渗透出的自由、信任的活动氛围，可以帮助组员释放当下的压力，减轻压迫感，同时因为组员拥有同质性，也可以快速在小组内找到归属感，并建立社会支持网络。小组工作中重视阶段性目标的实现，能帮助组员循序渐进地解决问题，减轻问题给组员带来的压迫感。在小组的互动中，社工及时的反馈与鼓励可以帮助组员增强解决问题的信心，激发组员自我改变的潜能。

为此要多发挥社会工作在隔代教育中的积极作用，可以综合运用小组工作、个案工作、社区工作等不同的专业方法满足隔代教育家庭的多元化需求。通过个案工作，可以更加清楚地了解服务对象在家庭教育中出现的具体问题，邀请育儿专家进行一对一的专业指导，帮助服务对象实现问题的解决。通过与不同个案的接触，了解问题的共性，链接社会资源，开展小组工作和社区工作，为服务对象建立较完整的家庭教育支持网络系统，例如定期开展亲子工作坊、个案咨询、小组分享等活动，满足服务对象在隔代教育问题上的需求。

参考文献

[1] 刘国贤, 徐敏, 郭静雅, 等. 隔代教育对3~6岁幼儿社会性发展的影响[J]. 基础教育研究, 2016(24): 87+89.

[2] 陈艺玲. 浅谈隔代教育的利弊及对策[J]. 科技视界, 2016(22): 143+170.

[3] 张苗苗, 邓李梅. 我国农村留守儿童隔代教育的困境、原因及出路[J]. 江苏第二师范学院学报(教育科学), 2016(7): 85-88.

[4] 李阳, 曾彬. 隔代教育对幼儿语言发展的消极影响及对策[J]. 江苏第二师范学院学报(教育科学), 2016(7): 81-84.

[5] 李金周. 教育小组工作介入城市幼儿隔代教养问题研究——以深圳市AX社区为例[D]. 郑州: 郑州大学, 2016.

[6] 林聪. 隔代教育对幼儿交往能力的影响[J]. 宿州教育学院学报, 2016(1): 94-95.

[7] 秦敏. 陕北农村留守儿童隔代教育低效的现状调查与对策思考[J]. 山西农业大学学报(社会科学版), 2015(12): 1224-1228.

[8] 郎茜玥. 关于隔代教育中习惯培养问题的对策研究[J]. 赤子(上中旬), 2015(23): 151.

[9] 丁帅, 王薇. 隔代教育对幼儿社会交往能力产生负面影响的原因分析[J]. 亚太教育, 2015(28): 288.

[10] 王蕾. 幼儿园优化隔代教育的实践[J]. 浙江教育科学, 2015(2): 47-49.

[11] 吴秀兰. 隔代教育的现状调查及其对策[J]. 边疆经济与文化, 2014(11): 91-94.

[12] 郝雪. 试析隔代教育对幼儿社会交往能力的影响[J]. 科教导刊(中旬刊), 2014(22): 208-209.

[13] 王静鑫. 浅谈隔代教育的弊端及其出路[J]. 中国校外教育(上旬刊), 2014(25): 16.

[14] 生仟. 单亲家庭隔代教育问题的个案工作方法运用[D]. 苏州: 苏州大学, 2014.

[15] 骆风, 李远帆, 宋广文. 隔代教育: 我国城市的现状分析及其走向[J]. 当代教育科学, 2014(8): 51-53.

家园共育中幼儿学习品质的培养策略初探

肖　倩[①]

摘要： 随着学前教育的改革与发展，幼儿的学习品质及其影响因素已成为国内外学者研究的热点问题。幼儿生活最主要的两个场所——幼儿园和家庭，对于幼儿形成良好的学习品质至关重要。因此，本文初步探索通过科学育儿理念的宣传与普及、加强家园合作与共建等方式，为幼儿创设良好的生活环境与学习环境，着力培养幼儿良好的学习品质，为幼儿终身学习与发展奠定坚实的基础。

关键词： 家园共育　学习品质

一、前言

现如今，随着党和国家对学前教育的重视，学前教育有了长足的发展。越来越多的国内外学者开始聚焦幼儿"学习品质"及其影响因素的研究，以期通过培养幼儿良好的学习品质，为幼儿终身学习与发展奠定基础[1]。《3~6岁儿童学习与发展指南》与《幼儿园教育指导纲要》中都强调了培养幼儿学习品质的重要性，《3~6岁儿童学习与发展指南》中明确指出："要充分尊重和保护幼儿的好奇心和学习兴趣，帮助幼儿逐步养成积极主动、认真专注、不怕困难、敢于探究和尝试、乐于想象和创造等良好学习品质。"[2]然而，中国正处于经济高速发展及快速转型的时期，家庭作为国家的基本组成单位，也在无形中承担了许多社会压力，由于家庭结构的变化、教养观念的偏差、教育氛围的影响及儿童自身的特点，导致隔代教养、重智轻德、忽视幼儿的情绪体验、不良的亲子沟通方式方法等家庭教养的现象或误区在中国家庭中屡见不鲜[3]，研究者将这些现象总体归纳为教养态度不一致、教育内容片面化、教育要求成人化、教育方式极端化[4]240-241，这也直接或间接导致幼儿可能在未来不同的发展阶段中产生诸多问题。

---

① 北京中外友好幼儿院办公室主任。

北京明天幼稚集团现拥有19所幼儿园，近700名正式教职工，近5000名在园幼儿。面对学前教育发展的新形势、新任务，本文以北京明天幼稚集团为例，总结集团在家园共育过程中的方法策略，以期起到抛砖引玉之效。

二、学习品质的内涵

学习品质（Approaches to Learning）是幼儿在学习中体现出的"积极态度和良好行为倾向"，反映了儿童主动、积极地运用各种方式进行学习的倾向、态度、风格等非智力因素集合[4]240-241。

关于学习品质的具体内涵与行为表现，国内外研究者也展开了深入的研究，并制定成教育教学指导性文件，如《3~6岁儿童学习与发展指南》、美国各州早期学习标准等，马君艳通过对比与整合认为，学习品质可以分成"好奇心与主动性，参与性与坚持性，创造力、发明与想象力，推理与问题解决、反思与解释"等五个领域（见表1）[5]33-59。

表1　学习品质五大领域及其具体表现

学习品质	具体表现
好奇心与主动性	儿童具有好奇感，对人、事物、周围的环境以及学习感兴趣，在面对新的和具有挑战性的事物时，能够通过提问题和积极地进行探索活动来发现、解决问题，构建自己的知识体系，并且在活动中表现出自我导向。
参与性与坚持性	儿童能够全身心地参与到活动中，在活动中能够集中注意力，能够接受适当的挑战，表现出坚持不懈的精神，并且为了坚持完成任务能够使用一些策略。
创造力、发明与想象力	儿童能够利用先天具有的创造力、发明与想象力来拓展学习，能够在活动中运用想象力，产生多种想法，尝试用新的想法解决问题，能够参与到具有想象力的社会游戏中，并且能够通过音乐、动作、搭建和艺术等创造性地表达自己。
推理与问题解决	儿童具有发现问题，并且能够尝试用多种方式探索出多种问题解决方案的能力。
反思与解释	儿童能够吸收、思考和理解已有的知识和信息，能够将已有的感觉、经验和知识应用到新的情境中，能够描述或表演出记忆中的情形或动作。

表1中学习品质的五个领域较为全面地概括了学习者的学习倾向与学习素养。在幼儿时期，着力培养幼儿良好的学习倾向、习惯，形成良好的学习品质，将有利于幼儿全面发展，让幼儿受益终身。

三、家园共育的重要性

家长是孩子人生的第一位教师，家庭教育对幼儿的身心发展具有举足轻重的作用。诸多研究表明，家庭教育对幼儿品格的形成[5]77-81、心理健康[6]具有重要作用，更有学者表明，家庭教育应当是培根的教育，要为幼儿终身全面发展筑牢根基[7]。

然而，受传统教育观念、家庭结构等多重因素的影响，导致当前的家庭教育出现教育要求成人化、教养态度不一致、教育内容片面化、教育方式极端化的现象[8]262。幼儿园作为专业的教育机构，要充分了解当前家庭教育的现状，积极解读、宣传学习品质的内涵，传播科学的育儿理念，帮助更新家长的育儿观念，在幼儿园与家长之间统一育儿理念，达成科学育儿的共识，引导家长重视良好的家庭教育、家园共育对幼儿学习品质的助推作用，让科学育儿蔚然成风。

四、贯彻协同育人理念，构筑家园共育幸福场

北京明天幼稚集团追求教育的终极价值，围绕"幸福教育绘人生最佳底色"的办园理念，以让每一个幼儿都快乐成长、让每一个教师都幸福发展、让每一个园所都稳步提升、让每一个家庭都同程共进为目标，深化协同育人的理念，逐步构筑家园共育幸福场。

（一）内夯功底，提升干部教师的专业品质

教育大业，教师为本，教师是教育事业兴衰成败的关键因素之一。习近平总书记在全国教育大会中明确提出："教师是人类灵魂的工程师，是人类文明的传承者，承载着传播知识、传播思想、传播真理，塑造灵魂、塑造生命、塑造新人的时代重任。"在家园共育中，教师的专业性与指导力，是家园共育质量的决定性因素之一。

北京明天幼稚集团积极贯彻党和国家的教育方针政策，围绕师幼幸福成长的双主体发展核心，探索出"心上修、事上练、做中悟、思中成"的干部教师培养体系，以培养幼儿良好的学习品质为着力点，帮助教师树立成长型思维模式，在日常教育活动及大型活动中锤炼教育本领，领悟教育本真，事后通过反思精进专业，成就自我，全面打造"教研训"一体的干部教师成长模式，提升干部教师的综合素养，增强干部教师的专业自信，为家园共育提供强有力的智力支持。

第一，积极整合优质的内外专家资源，开展了国学讲堂、管理课堂、幸福学堂的多领域、立体化的培训活动，涵盖了孔子学堂、庄子学堂、老子学堂等国学经典解读；幸福型

组织建设、行动学习理论与实践等管理思路及策略;从心出发、从我做起,营造幸福生态圈的幸福培训以及礼仪培训、弟子规等国学研修小组。旨在让干部教师能够跳出教育看教育,走出教育舒适圈,形成成长型思维模式,逐步推动专业发展体系的形成与优化,助力干部教师幸福成长。

第二,倡导和推行"PDCA行动学习"(P即Plan,计划;D即Do,执行;C即Check,检查;A即Action,处理)的管理方法,以市级课题《协同视角下儿童学习品质的培养》的科学研究为引领,以表演区项目、生活活动项目等五大项目推动为依托,以集团总部与项目校纵横推进,畅通沟通渠道,完善培育体系,逐步形成具有集团化管理特色的教师成长体系。集团采取总部统筹、园所自主的模式,由园所自主选择项目内容,总部定期组织培训、下园观摩、定向指导。该模式让学习共同体对问题更加聚焦,团队内部的兴趣更加同质,实际问题及需求相对异质,从而能够推动园所发掘自身亮点、反思策略、总结规律,推动学习共同体的完善及发展,让教师沉浸其中体验职业幸福感和成就感,建立专业自信与自豪感。

(二)反思沉淀,总结科学育儿新模式

北京明天幼稚集团认真落实《3~6岁儿童学习与发展指南》精神,以游戏为基本形式,注重儿童全面发展,同时将学习品质作为儿童教育的重点,不断深化课程改革,在促进儿童健康可持续发展与提升集团办园质量方面书写奋进之笔。

集团引入"互联网+"思维,依托微信公众号、网站等自媒体平台,传播国内外科学的育儿理念,交流分享集团可复制、可操作的成功经验和有益模式。例如,通过微信互动的形式,邀请家长参与"我家的书房"展览活动,引导家长重视亲子阅读,逐步提升幼儿对阅读的兴趣,提升幼儿阅读的坚持性,提高亲子阅读的质量。再比如,集团迎接"一带一路"沿线国家、挪威等外国幼教同人进行观摩访问。在交流过程中,双方就中外教育领域的异同展开了深入的研讨,在以幼儿为主体、着力培养幼儿学习品质、积极争取家长及社区资源等方面达成共识。挪威幼教同人就曾提出在挪威的幼儿园内,教师会积极利用家长的资源,开展包括介绍家长工作内容、参观家长工作场所等活动,这有利于增强幼儿对社会生活的好奇心及主动性,让幼儿能够置身于实际环境中,在一定程度上提升幼儿发现问题及解决问题的能力。集团通过梳理、整合并传播,来扩展教师及家长的国际教育视野。集团积极营造"求真、开放、平等、协作、分享"的良好沟通氛围,让幼儿园和家长在互动、交流的过程中不断拉近距离。

(三)活动为基,形成家园育人合力

活动是家园共育的纽带。集团定期组织开展家长开放日、亲子阅读、亲子种植等活

动，组织开展全国教育宣传月——"爸爸游戏吧""游戏大篷车"等活动，通过浸润式的体验，让家长体会到亲子游戏的乐趣，提高育儿的科学性与游戏性，提升亲子教育的质量。

第一，组织丰富的亲子活动。幼儿园以家长开放日为契机，结合幼儿园特色，开展丰富多彩的亲子活动，例如亲子阅读、亲子种植活动等，通过将家长"请进来"的形式，让家长充分体验亲子陪伴的快乐与幸福。阅读本身有利于幼儿的参与性与坚持性的培养，在亲子阅读过程中，家长通过有意识地引导幼儿去思考绘本内容，从而培养幼儿的想象力与创造力。利用班级家长会，向家长解读游戏背后对幼儿发展的"脚手架"作用，让家长深入了解情绪体验背后幼儿良好学习品质的建立与培育，激发家长参与亲子活动的热情，提高家长亲子活动的策略性与科学性，提升亲子活动的质量，让幼儿体会到真实、优质的陪伴。

第二，传达科学的育儿理念，指导家长科学的育人方法。在家庭教育中，有诸多问题，其中较为突出的是父亲在儿童教育中的缺位现象[8]262。集团组织"爸爸游戏吧"大型活动，邀请父亲参与到亲子游戏中来，积极呼吁父亲回归家庭教育，弥补在家庭教育中的缺位，提升家庭教育质量。在"爸爸游戏吧"活动过程中，设计了"毛毛虫探险""翻箱子"等游戏，通过亲子合作来培养儿童的学习品质。例如，在"翻箱子"游戏中，投放了红蓝各占三面的箱子。幼儿可以通过自主选择分为红方或蓝方，并穿着相应颜色的队服。随着音乐声响起，孩子们要想办法将自己队伍颜色的箱子面尽可能多地朝上翻，音乐声停止后，以箱子面朝上的颜色数量的多少为评判胜负的关键。起初，幼儿有些不知所措，但是，在家长的示范中，幼儿开始尝试模仿，随着游戏的深入，幼儿开始发现如何更快更好地翻箱子的诀窍，慢慢出现了分工，有些幼儿会更多地保护自己的箱子，有些幼儿会更多地去翻对方的箱子，从而提升幼儿发现问题和解决问题的能力。再比如在"穿越火线"游戏中，家长负责给幼儿制造"穿越火线"的障碍，障碍难度都由家长把控。在游戏的过程中，提升了幼儿的好奇心与主动性，参与性与坚持性。有的时候，家长富有创意的障碍设置，也会引发幼儿创造性地穿越关卡，完成挑战。

幼儿成长不仅仅要依靠幼儿园教育，家庭和社会乃至自然都是幼儿成长至关重要的教育资源。

参考文献

[1] 黄爽, 霍力岩. 儿童学习品质的主要影响因素: 国外研究进展及其启示[J]. 比较教育研究, 2014(5): 40-45.

[2] 鄢超云, 魏婷. 《3~6岁儿童学习与发展指南》中的学习品质解读[J]. 幼儿教育(教育科学), 2013(6): 1-5.

[3] 陈莉. 家庭教养方式与儿童社会化——家庭教养方式误区及其成因分析[J]. 幼儿教育(教育科学), 2007(12): 49-52.

[4] 袁梅芳. 家庭教养方式对幼儿品格形成的影响及误区分析[J]. 当代教育实践与教学研究, 2018(9).

[5] 马君艳. 美国各州早期学习标准中"学习品质"领域的内容分析及启示[D]. 金华: 浙江师范大学, 2015.

[6] 钟小川. 家庭教育对幼儿心理健康的导向作用研究[J]. 黑龙江教育学院学报, 2018(9): 73-75.

[7] 李恒. 保姆式家长撑不起培根式家庭教育[N]. 中国教育报, 2018-09-27(7).

[8] 覃江梅. 对父亲参与早期教育的思考与实践建议[J]. 神州, 2014(11).

家园合作，培养小班幼儿良好口腔卫生习惯的实践研究

李　旭[①]

摘要： 2～6岁是预防和治疗幼儿龋齿的重要时期。本研究旨在探索家庭与幼儿园共同参与、共同预防幼儿龋齿发生的有效方法。本研究通过对北京市海淀区明天幼稚集团十幼铁路园某小班的30名幼儿进行指导和干预，同时提高家长对幼儿龋齿危害的认识和了解，提升家长保护幼儿口腔的意识，以达到家园同步，共同对幼儿采取各种科学的干预措施，促进幼儿的健康成长。

关键词： 小班　口腔卫生习惯　家园合作

一、研究背景

医学研究表明，乳牙龋齿的危害很多。首先，影响身体的发育。幼儿期是孩子生长发育的关键阶段，营养的摄取、消化都与乳牙的健康有关。如果幼儿吃食物时牙齿不好没有用力咀嚼，就会直接影响幼儿对食物的消化和吸收，从而影响身体的发育。其次，影响面部的发育。幼儿期正是面部发育的重要阶段。乳牙早失或者不敢咀嚼，会造成幼儿颌骨的发育不足、邻牙的咬合关系紊乱，从而导致恒牙的排列不齐，影响面容[1]。最后，影响恒牙的健康。乳牙的好坏会直接影响到恒牙的质量。如果健康的乳牙变成了龋齿，恒牙就容易在龋齿细菌不断增长的环境下生长，容易形成新的龋齿。

2～6岁是预防和治疗幼儿龋齿的重要时期。因此，帮助3周岁以上的幼儿培养预防龋齿的良好习惯尤为重要。

在调查中，我们发现小班幼儿的龋齿发病率较高。我们希望家庭与幼儿园共同参与，共同预防幼儿龋齿的发生。通过幼儿园的指导和干预，提高家长对幼儿龋齿危害的

---

① 北京明天幼稚集团教师。

认识和了解，提升家长保护幼儿口腔的意识，以达到家园同步，共同对幼儿采取各种科学的干预措施，促进幼儿的健康成长。

二、问题提出

（一）问题现状

晨检是幼儿园每天与幼儿、家长接触的第一个窗口，是幼儿日常健康检查工作的主要内容，更是了解每位幼儿健康状况不可或缺的重要环节。晨检中，我们发现有一部分幼儿患有龋齿。以我班幼儿为例，全班30名幼儿，其中发生龋齿的幼儿达13人。

（二）原因分析

1.龋齿的发生与幼儿生活及饮食习惯有关

幼儿喜欢吃含糖量高的、易发酵产酸的、细软的、黏性大的食物，如蛋糕、糖果、巧克力等；幼儿自我口腔保健能力差，口腔卫生不良，使食物残渣、软垢易滞留于牙面上发酵产酸[2]；幼儿睡眠时间长，睡眠时唾液分泌减少，有利于细菌的生长，增加患龋齿的风险；幼儿进食含纤维性的食物较少，不利于牙面清洁[3]。加上年幼的孩子尚未养成良好的口腔护理习惯，特别是睡前不刷牙或牙没刷干净，牙齿很容易受到腐蚀，这是不少孩子龋齿高发的主要原因。

2.龋齿的发生与家长的认识和对幼儿的引导有关

不少幼儿家长认为孩子的乳牙迟早要掉，没什么重要作用，帮助幼儿爱牙护齿的方法和措施不到位，没有引导幼儿养成良好的口腔卫生习惯。他们还认为患了龋齿也不需要治疗，换完牙就没事了，对龋齿没有足够的重视。同时很多家长认为要让孩子早早养成自理能力，可是3岁的孩子由于自身动作协调性和吞咽能力都没有达到能够独立"保证质量"地刷牙的程度，家长让孩子自己刷牙，自然会导致无用功。

（三）提出问题

综上所述，为了解决幼儿口腔卫生问题，首先要对以下话题进行探讨。

幼儿的口腔卫生习惯如何？

家长有关幼儿口腔卫生的知识及重视程度如何？

只有了解了上述问题，才能采取相应的对策，达成培养幼儿良好的口腔卫生习惯的目的。

三、研究目标

了解幼儿的口腔卫生习惯、家长对相关知识的了解和幼儿口腔保健的意识。

总结出预防幼儿龋齿发生的有效方法，在园对幼儿采取各种科学的干预措施，促进幼儿的健康成长。

提高家长对幼儿龋齿危害的认识和了解，提升家长保护幼儿口腔的意识。

四、研究方法和过程

（一）研究对象

北京市海淀区明天幼稚集团十幼铁路园某小班共30名幼儿。

（二）问卷调查

调查发现（见表1），幼儿睡前吃东西、不刷牙、不漱口这些现象比较突出。近年来，随着社会传播媒介的大力宣传，家长对口腔卫生知识有所了解，但是对幼儿自身保护口腔的教育与指导依然存在问题，如每天刷牙的次数、刷牙的正确方法、饭后漱口的习惯等的教育与指导都不到位。而预防龋齿最有效、最简单、最经济的方法就是漱口、刷牙。

表1　幼儿口腔卫生习惯的调查结果（前测结果）

幼儿口腔卫生习惯	人数（人）
饭后漱口	21
每天刷牙1次	19
每天刷牙2次	11
每天刷牙不到3分钟	24
采用横刷法	18
使用小头软毛牙刷	19
使用含氟牙膏	22
每3个月更换牙刷	18

调查发现（见表2），家长在干预前的幼儿口腔卫生知识是非常不足的。提升家长意识，是防治幼儿龋齿的前提。

表2　家长口腔卫生知识的调查结果（前测结果）

口腔卫生知识	人数（人）
认为有必要每隔半年带幼儿进行口腔检查	12
知道发生龋齿的主要原因	10
知道六龄齿	5
知道六龄齿易患龋齿	3

幼儿龋齿的发生是一个慢性、渐进的过程。大多数的家长都要等到幼儿牙疼才会带幼儿到医院检查治疗，从表3中可见相当一部分的家长对幼儿口腔健康的重要性的认识不够。

表3　家长未带幼儿去医院检查龋齿的原因（前测结果）

家长未带幼儿去医院检查龋齿的原因	人数（人）
不严重，不需要去医院治疗	13
不用去医院，换牙后就好了	10
工作忙，没时间	5
有龋齿，正常	2

由于幼儿的自制力较差，所以幼儿良好的口腔卫生习惯的养成离不开老师、家长的教育和帮助。只有通过幼儿园、家庭的共同努力，重视幼儿口腔保健工作，做到预防为主、防治结合，才有可能降低龋齿的发生率，使幼儿能更健康地成长。

（三）干预方法及过程

1.策略一：关注细节、从小培养

预防龋齿最有效、最简单的方法就是漱口、刷牙，同时这更是保持口腔卫生的主要方法。在每天幼儿午餐后的巡视中，我发现许多幼儿漱口的方法不是很正确。因此请保健医生与班中的老师教会每位幼儿正确的漱口、刷牙的方法，全面实施"二、三、三"爱牙护齿行动，即每天早晚两次刷牙，要刷牙的三个面（外面，即唇颊面；内面，即舌面；咬合面），每次刷牙时间不少于三分钟[4]。兴趣培养对幼儿的学习是十分重要的。因此，从幼儿兴趣出发为本班幼儿设计了漱口的音乐和刷牙儿歌，让幼儿在快乐中学习，一边背诵儿歌，一边实践，帮助幼儿快速掌握正确的刷牙方法。对于幼儿漱口、刷牙习惯的培养不是一朝一夕能够完成的，在今后生活的点滴中将逐步、有针对性地指导幼儿掌握正确的方法。通过幼儿反复的生活实践，最终形成一种自我的自觉行为。生活是一种实践、一种参与，也是一种体验。孩子喜欢、感兴趣的时候，他们就会调动全部的智慧去研究、去探索、去发现、去尝试，从而获得经验的积累[5]。

2.策略二：营养膳食、科学安排

在安排幼儿的午餐、午点时，幼儿园保健医生严格控制食糖用量，注重甜咸搭配、粗细搭配、干湿搭配、荤素搭配；在菜肴的安排上，尽量让幼儿多吃些富含纤维的蔬菜、新鲜的水果、粗粮，如玉米、高粱、小米、荞麦、燕麦、薯类及各种豆类。幼儿咀嚼硬度适当、富含纤维的食物，特别有利于牙齿和牙龈肌肉组织的健康。这样既可以将附着在牙齿表面的脏东西随着咀嚼进行清扫，还可以防止幼儿牙齿排列不整齐。本班还根据小班幼儿的生理特征，注意调整食物的形态。这样的搭配符合小班幼儿的年龄特点，更利于幼儿的咀嚼、消化、吸收，促进幼儿的健康成长。

3.策略三：整合资源、共同配合

开展健康教育活动，管理好龋齿幼儿，关键还在于环境和教育两个方面。所以我们以家园互动为载体，提升家长保护幼儿口腔的健康理念。

（1）从与日常生活密切相关的问题着手

调查发现，本班许多家长在干预前的幼儿口腔卫生知识是非常不足的，为此，爱牙日我们邀请幼儿园保健医生来我班为全体幼儿家长、教师进行爱牙护齿教育讲座，发放爱牙护齿资料、告家长书（发放率100%），帮助大家共同了解和掌握龋齿对幼儿的危害、刷牙的小常识、基本要领以及如何正确选购牙刷、牙膏，来帮助家长树立正确的爱牙护齿的意识。

（2）从家长最为关心的问题着手

幼儿有一副整齐洁白的牙齿，是每个家长都希望的。我们以幼儿存在刷牙坚持不够、刷牙方法欠妥、并非有效刷牙等问题为切入点向幼儿家长普及相关知识，使家长意识到只有真正做到早晚刷牙，饭后漱口，才能够减少食物残渣的存积和发酵，减少牙菌斑的形成，保护好牙齿。家庭是幼儿的第一生活场所，父母是幼儿的第一任老师。家长会在日常生活中有意或无意地根据自己的标准去引导幼儿，幼儿经过耳濡目染便会在无意识的状态中接受家庭教育潜移默化的影响。因此，我们引导家长充分认识龋齿的诱因、危害以及早期干预的意义，并请家长在日常生活中加以正确辅导，以身示范，让每位幼儿都能够掌握正确的爱牙护齿的方法。

（3）从幼儿的营养问题着手

幼儿的营养问题也是每位家长所关心的。我们以此为突破口对幼儿家长普及幼儿换牙期的营养问题，这与家长的日常生活密切相关，幼儿家长很快便积极而自愿地投入幼儿的健康教育之中。牙科医生建议在恒牙萌生之前给幼儿多吃粗纤维食物。针对这一情况我们多次与家长交流，还让家长与家长之间交流幼儿在家的饮食情况，帮助大家认识到合理膳食的重要性。请家长以自身为榜样，创设一致的生活目标，营造大家多吃蔬菜、粗粮的氛围，让幼儿自然而然地经常多吃些萝卜、白菜、芹菜、韭菜之类的粗纤维蔬菜和甘蔗、五香豆等粗硬的食物以及玉米面粥、小米面粥、糙米饭、混合面馒头等杂粮食物，教育幼儿少吃零食，少吃糖，少吃黏质食物，睡前绝对禁止吃甜食，改变原来不合理的饮食习惯。这样既增进幼儿的食欲，又能增加营养，有助于幼儿生长发育。

（4）从创造条件积极与家长沟通着手

家庭是幼儿所处的微观环境，在这一环境中，父母的教育态度、方式和方法等是影响幼儿发展的重要因素。父母的教育态度、方式和方法如果与幼儿园教育相一致，教育效果就会更好。鉴于此，我们创造条件，通过多种渠道积极与家长沟通。

家园联系栏。贴在教室外面的家园联系栏是向家长展示幼儿园工作情况的窗口，更是与家长进行交流的园地。我们定期更换内容，使家长能全方位、多侧面地了解我们开展的健康教育动态。为调动家长参与的积极性，增强家长的责任心，我们在感谢栏里对那些关心每个孩子成长，对幼儿健康教育做出贡献的家长表示感谢。同时对那些坚持正确刷牙的小朋友进行表扬，为其他幼儿树立榜样，激发家长督促自己的孩子。

家长会。每月每个班定期举行家长会，组织家长学习教育理论，向家长介绍幼儿健康教育的内容、方式和方法，让家长获取健康教育知识，有目的、有计划、有针对性地对孩子实施健康教育，并借鉴有效的经验，解决一些较棘手的问题。

家园微信群。在家园微信群里与家长联系，积极与家长沟通，个别交谈，具体指导，以期帮助家长逐步树立正确的爱牙护齿的意识，形成有利于幼儿健康的大环境。

家园共同努力，才能够真正做到预防为主、防治结合，从而有效降低幼儿龋齿的发生率，使幼儿更健康地成长。

五、结果及分析

在对班级幼儿进行了一年的口腔卫生习惯的培养后，幼儿在早晚正确刷牙、饭后漱口及睡前吃零食的习惯方面与调查前相比有明显的差异，具体内容根据前期的问卷调查，得出表格中的结果（见表4、表5、表6）。

从表4可以看出，通过一年的口腔卫生习惯培养，幼儿爱牙护齿的习惯有明显的养成。这说明通过一年的实践取得了一定的成效。

表4　幼儿早晚正确刷牙、饭后漱口习惯的养成

项目	一直有（人）	大多有（人）	偶尔有（人）	没有（人）
前测	9	16	4	1
后测	17	12	1	0

从表5可以看出，幼儿睡前吃零食的习惯大大改善，前测与后测的结果有明显的差异。这说明通过爱牙护齿的健康教育，使幼儿和家长更深刻地了解到睡前吃零食的危害性，使一些幼儿养成了睡前不吃零食的习惯。

表5　幼儿睡前吃零食的习惯

项目	每天吃（人）	经常吃（人）	偶尔吃（人）	不吃（人）
前测	5	12	12	1
后测	1	6	10	13

从表6可以看出，通过对家长的宣传和指导，使家长提高了对幼儿口腔保健重要性的认识，从而化为积极主动的行为自觉性，督促幼儿养成良好的口腔卫生习惯来预防龋齿。

表6　家长对幼儿口腔保健的注重程度

项目	无所谓（人）	比较重视（人）	十分重视（人）
前测	6	18	6
后测	1	12	17

六、研究结论

从小养成良好的口腔卫生习惯，能有效降低幼儿龋齿、牙龈炎的发生率，使幼儿更健康地成长。

帮助小班幼儿养成良好的口腔卫生习惯，不是一朝一夕的事，但通过家园合作，实施干预后，家长的认识和意识有了较大的改变，许多家长积极主动配合幼儿园开展各项预防、矫治工作。家长和教师在今后生活的点滴中将继续逐步、有针对性地指导幼儿掌握正确的刷牙、漱口方法，教幼儿预防龋齿的知识，通过反复的生活实践，让幼儿预防龋齿的习惯变成一种自觉行为。总之，提升家长意识，是防治幼儿龋齿的前提，提高幼儿重视口腔保健的兴趣，是预防龋齿的关键。

参考文献

[1] 刘华. 榆林市3~6岁儿童龋病调查分析及干预对策[J]. 吉林医学, 2011(26): 5472-5473.

[2] 焦丰叶. 青岛市学龄前儿童龋齿情况调查[J]. 青岛医药卫生, 2006(4): 284-285.

[3] 孙佩, 宋靓雯, 方琳. 健康教育在儿童龋齿防治中的应用研究[J]. 基层医学论坛, 2010(30): 903-904.

[4] 刘开霞. 2007—2011年孝义市3~5岁儿童龋齿患病情况统计分析[J]. 亚太传统医药, 2012(9): 160-161.

[5] 徐粉娣. 幼儿园课程生活化游戏化的初步探讨[J]. 考试周刊, 2007(39): 115.